JN436801

부지깽이 사랑

부지깽이 사랑

초판 1쇄 인쇄 2009년 08월 15일
초판 1쇄 발행 2009년 09월 01일

지은이 | 이해용
펴낸이 | 손형국
펴낸곳 | (주)에세이퍼블리싱
출판등록 | 2004. 12. 1(제315-2008-022호)
주소 | 157-857 서울특별시 강서구 방화3동 822-1 화이트하우스 2층
홈페이지 | www.essay.co.kr
전화번호 | (02)3159-9638~40
팩스 | (02)3159-9637

ISBN 978-89-6023-256-3 03810

부지깽이 사랑

글 이해용

나는 사랑도 생긴 대로 사랑하고 좋은 대로 표현하는 유치한 사랑을 좋아한다.

만들어지는 애교도 좋지만 몸에 밴 자연스러운 애교가 좋다.

가꾸고 만든 얼굴도 좋지만 타고난 자연 그대로의 야성미 넘치는 아름다움이 더더욱 좋다.

좋으면 그냥 좋은 것이다. 당신의 있는 그대로가 좋으니 좋다고 하면 그뿐이다.

ESSAY

| 글머리에 |

가는 세월이 아쉽다. 어느 덧 해는 서산에 지는데 못 다한 일들이 너무도 많다. 흔적 없이 왔다가 가는 것이 인생이라지만 지난 세월이 야속하고 후회뿐이다. 이대로 남은 생을 보내기에는 무언가 허전할 것 같다. 구름은 어디론가 정처 없이 흘러간다. 세월은 구름에 달 가듯 잘도 간다. 빈 가슴을 달래기 위해서 매일 궁상을 떨며 살고 있다.

피천득님은 '수필' 이라는 글에서 "마음의 여유가 없어 수필을 못 쓰는 것은 슬픈 일"이라고 했다. 마음의 여유를 갖고 기뻐하기 위하여 이렇게 고통을 감수하고 있다. 먼지 낀 거울을 닦는 심정으로 평생 간직해 오던 그러나 누구에게도 알리고 싶지 않았던 삶의 편린들을 모아 책으로 엮어 보았다. 가슴 속 깊은 곳에 품어오던 묵은 짐을 털어버리고 좀 더 자유로워지고 싶었다. 벗을 만나 밤새 마음을 털어놓고 싶었다.

전문 글쟁이가 아니기에 표현도 세련되지 못하고, 심금을 울릴 감동적인 글도 없다. 시큼한 살구 맛도 화한 박하 향도 없다. 그렇다고 화롯가에서 끓고 있는 구수한 된장 맛이 있는 것도 아니다. 오직 내가 살아오며 겪고 느꼈던 삶을 솔직하고 단백하게 쓰려고 했다. 나는 아마추어다. 그것도 초보 아마추어다.

이웃집 아저씨의 푸념을 들어 주는 그런 아량으로 읽어 주길 바란다. 사진첩을 뒤적이다 빛바랜 사진을 발견하고 추억에 젖어 입가에 엷은 미소를 지으며 읽어 주길 바란다. 나도 그런 경험을 했지, 하며 고개를 끄덕이며 읽어 주길 바란다. 알고 보면 모든 세상 사람들의 생각과 삶이 그만그만하구나 하고 느끼면서 읽어 주길 바란다. 서문을 쓰고 있는 이 순간 내 마음은 세모시 적삼에 숨겨져 있는 처녀 젖가슴을 훔쳐보는 숱 총각처럼 불안하고 초조하기 그지없다.

끝으로 이 글이 세상에 나올 수 있도록 용기와 도움을 주신 성품이 올곧은 후배 강진호 교수님, 언제 봐도 생기가 넘치고 심신이 잘 수양된 수필가 이명선 선생님, 강당에서 후학을 가르치고 있는 외모와 달리 자상한 이호영 선생님께 먼저 감사를 드린다. 또한 저를 나아 주시고 길러 주신 부모님과 피를 나눈 형제자매들 그리고 삼십 여 년 동안 옆에서 행여 심심할까 봐 쉬지 않고 바가지를 긁어준 내 옆 사람 이희자 교수에게도 감사를 전한다. 끝으로 어려운 여건 속에서도 출판을 허락해 주신 손형국 사장님과 직원 모두에게 감사를 보낸다.

2009년 8월 이해용

| 차 례 |

제 1 부 부지깽이 사랑

제 2 부 첫사랑

제 3 부 제자 사랑

제 4 부 사랑이 밥 멕여주냐?

| 차 례 |

제 5 부 알쏭달쏭 사랑 이야기

제 6 부 사랑은 유치할수록 아름답다

부지깽이 사랑

제 1 부 부지깽이 사랑

어머님의 이상한 교육

나는 일제로부터 해방 된지 삼년 후, 민족의 비극인 육이오사변이 일어나기 이년 전인 천 구백 사십 팔년 음력 구월 일일 꼭 두 새벽에 첫 아들이라는 영광된 명예를 안고 이 세상에 나왔다. 뭐가 급해서 좋은 세상 놔두고 고난의 시기에 나왔는지 모를 일이다. 육이오가 천 구백 오십년 유월 이십오일 발발하여 천 구백 오십 삼년 칠월 이십칠일 휴전협정이 맺어 졌으니 사년 육 개월 정도 계속되었다. 사물에 대한 호기심이 가장 많았던 나의 유아기는 실로 전쟁 중이었다. 그런 시대를 산 덕분에 나도 모르게 전쟁의 언어가 내 가슴에 각인 되었을 것이라 생각한다. 이런 환경에서 자란 때문인지 나는 어려서 전쟁영화를 매우 좋아했다. 돌이켜 보면 그렇게 어려운 시대를 죽지 않고 용케 살아났다는 게 복이면 복이요 행운이면 행운이었다.

우리 고향은 6·25 당시 전쟁이 치열했던 회문산(순창군과 임실군의 경계를 이루는 산)에 가까이 있다. 마을 뒤에는 옛날부터 금을 캐던 광산이 있었는데, 금을 캐기 위해 만들어진 굴은 전쟁 기간에는 적군의 아지트로 사용되었다. 전쟁 말기에는 저항하던 적군과 아군들은 밀고 밀리면서 많이 죽었다고 한다. 지금은 그 옆에 국군묘지가 들어서 있다. 전쟁이 한참인 당시 밤에는 빨치산이 마을에 내려와 음식이나 옷가지를 약탈해가고, 낮에는 경찰이나 국군이 찾아와 적군에 협조했다며 고통을 주었다고 들었다. 젊은 남자는 모두 군대에 가거나 아니면 부역 나가고 동네에는 어린애와 여자들 뿐 이었다.

그 당시 우리 아버님은 33세로 군대 나갈 나이는 아니었지만 부역하기에는 충분히 젊은 나이였다. 부역을 피하기 위하여 낮에는 집에서 일하고 밤에는 산으로 피신을 하는 생활을 하고 있었다. 밤에는 빨치산들이 마을에 내려와 우리 아버지와 같은 젊은 남자들을 부역에 동원하기 위하여 잡아가기도 했다. 우리 집도 예외는 아니었다. 밤마다 이상한 남자들이 집에 들어와 아버지 어디 갔느냐고 묻고 돌아가는 경우가 많았다. 낯선 사람들이 집에 들어오면 어머니는 나와 여동생을 이불로 뒤집어 씌워주며 조용히 있으라고 하셨다. 유달리 호기심이 많았던 나는 이불을 들추고 그 사람들이 하는 모습을 지켜보기도 했다. 그들은 나더러 아버지 어디 갔느냐고 묻기도 했다. 그러면 나는 겁도 없이 당차게

"몰라요!"

라고 대답하거나 아니면 전주로 장사하러 갔다가 아직 안 왔다고 대답하곤 했다. 그러면 그들은

"정말이지?"

하며 그냥 가곤 하였다.

그 당시 어머니는 한살배기 내 동생과 나를 화로 가에 앉혀놓고 동생 머리를 빗어 주시며 늘 공부를 시켰다. 강의 내용은 누가 우리 집에 와서

"너 네 아빠 어디 갔니?"

라고 물으면

"전주로 장사 갔어요."

라고 대답하라는 교육이었다. 그리곤 꼭 뒤를 이어 다짐하는 말이 있었다.

"엄마가 그렇게 하라고 시켰지?"

라고 묻거든

"아니요!"

라고 대답해야 한다는 교육이었다. 하루에도 수십 차례 귀가 따갑도록 반복교육을 받았다. 이 교육이 우리 어머님께서 어린 내게 해주었던 이상한 교육이었다. 그 때 어머니의 교육을 잘 받은 덕분인지 모르지만 아버님은 6·25를 무사히 넘기시고 80세까지 사시다가 돌아가셨다.

부지깽이 사랑

어느 부모님들도 다 마찬가지겠지만 우리 어머님도 자식 사랑만큼은 둘째가라면 서운하실 정도로 지극 정성이었다. 아마 지금 시대라면 어느 신세대 엄마 못지않게 교육열이 높았을 것으로 생각된다. 지금 내 나이 환갑이고 결혼한지도 어언 30년이 넘어 안사람이 어머님이 하던 일을 전수 받아 다하고 있다. 그런데도 어머님은 아직도 못 미더우신지 83세의 노구임에도 불구하고 내 생일날을 직접 챙기고 계신다. 손수 생일상을 차려놓고 조상님들께 아들 잘 되게 해달라고 공을 들여야 마음이 놓이신단다. 차려놓은 음식은 동네 사람들과 같이 나눠 드신다. 유추하건대 젊었을 때 아들에 대한 관심이 어떠하셨을지 가히 짐작이 간다.

나는 고향에서 초등학교 1학년과 2학년 첫 학기를 다니는 동안 자타가 공인하는 말 잘 듣는 모범생이었다. 공부도 잘했고 귀엽게 생겨 주위 사람들로부터 사랑을 많이 받았다. 그러나 학교가 집으로부터 십리나 떨어져 있어 어린 나이에 매일 걸어서 다니는 것이 쉽지 않았다. 그 덕분에 아직도 젊은이 못지않게 다리 힘이 남아있는 것이라 믿고 있다.

당시에는 학교에 갈 때나 올 때 동네 학생들이 전부 모여 줄을 서서 노래를 부르며 학교에 다녔다. 일제하의 잔재가 남아 있었던 때라서 그러지 않았나 생각한다.

그러던 어느 봄 날 아침을 먹고 학교를 가려고 밖으로 나와 보니 함께 모여서 가야할 동네 학생들이 모두 학교로 가고 없었다. 나는 울며 집으로 돌아왔다. 부엌에서 설거지를 하시다 학교는 안가고 울고 들어오는 나를 보신 어머님은 지체 없이 아궁이에 있던 타다 만 부지깽이를 들고 패 죽일 듯한 표정으로 다가 오셨다. 나는 잡히면 맞아 죽을 것 같아서 싸리문 밖으로 뛰어나갔다. 어머님도 뒤를 따라 부지깽이를 휘두르며 내 뒤를 쫓아오시기 시작했다. 나는 울면서

"어머니가 아침밥을 늦게 해주니까 그렇지?"

하며 학교가지 않은 이유가 어머니에게 있다고 강하게 어필을 했다. 그러면 어머님은

"그렇다고 학교를 안가 이놈아!"

하시면서 뒤를 쫓아오셨다. 몇 발짝 도망가다가 서서 울고 그러면 어머님은 다시 쫓아오고 그렇게 한참 동안을 쫓고 쫓기는 게임을 했다. 이렇게 쫓고 쫓기며 가다보니 쌀가막재까지 오게 되었다.

쌀가막재는 우리 동네와 이웃동네에서 면 소재지로 오가는 길이 만나는 재이다. 재 바로 아래에는 남산리라는 마을이 있다. 마침 그때

이웃동네에 사시는 이 선생님이 다른 길에서 학교로 출근하시고 계셨다. 평소에 이웃마을에 살고 있는 관계로 어머님도 잘 알고 계시던 선생님이셨다. 선생님을 보신 어머님은 큰 소리로 선생님을 부르시더니 내가 학교를 가지 않으려고 한다며 나를 데리고 가라고 부탁하셨다. 어머님 말씀을 들은 선생님은 내가 갈 때까지 기다리고 계셨다. 선생님은 나를 보자

"네 이놈 왜 학교 안 가려고 그래?"

하시며 나무라셨다. 나는 선생님이 무서워서 아무 대답도 못하고 한숨만 내쉬면서 똥 싼 강아지처럼 고개를 땅에 떨구고 졸래졸래 선생님의 뒤를 따라 학교로 갔다.

사실 내가 그날 학교에 가지 않으려고 한 것은 우리 어머님이 자주 아침밥을 늦게 해주시는데 대한 작은 시위였다. 아침을 빨리만 해 주셨다면 내가 학교에 가지 않으려고 하지 않았을 것이다. 다른 엄마들은 애들에게 일찍 밥을 해 주어 학교 갈 준비를 시키는데 왜 우리 어머님은 늦을까? 이 점이 어린 나이에 늘 불만이었다. 밥을 좀 빨리 해달라고 하면 어머님은 여러 가지 이유를 대시었다. 당시는 지금처럼 수도시설이 되어있는 것도 아니고, 가스나 전기가 있는 것도 아니었다. 전기밥솥이나 압력밥솥으로 밥을 지을 수도 없었다. 부엌에 있는 가마솥에 밥을 안쳐 나무를 때서 밥을 지어야 했다. 먹을 물은 집에서 200m쯤 떨어져 있는 동네에 하나밖에 없는 공동우물에 가서 떠와야 했다. 물을 떠오기 위해서는 무거운 물동이를 머리에 이고 다니셨다. 이런 환경이니 부잣집 큰 딸로 태어나 시집와서 고생을 많이 했다는 어머님의 불평을 들으면 이해되는 구석도 있었다.

내가 자란 후에 당시를 회상하시던 어머님은 밥을 늦게 할 수 밖에 없었던 이유를 말씀하셨다. 밥만 얼른 해서 김치에 간장하나 달랑 놓아 주면 빨리 해 주었을 텐데 귀한 자식에게 그런 밥상을 주고 싶지 않으셨다고 했다. 어머님의 말씀을 듣는 순간 코끝이 찡해오며 내 자신이 부끄러웠다. 어머님의 하해와 같은 마음을 헤아리지 못하고 징얼대기만 했으니 그 당시 어머님은 내가 얼마나 야속했을까? 어머님의 그 정성은 오늘날 우리 형제들이 건강한 육신과 올바른 정신으로 소박한 꿈을 안고 살아가는 보통사람으로 만든 원동력이라 생각하며 늘 감사하고 있다. 어머님 건강하게 오래오래 사세요.

그리운 선생님

어릴 적 내 고향은 산과 산 사이에 흐르는 맑은 물과 깨끗한 공기 그리고 마음씨 좋은 인심을 제외하고는 만족할 만 한 것이 아무것도 없었다. 모든 것이 불만이었다. 동네가 산과 산사이의 계곡에 자리 잡고 있어 우선 가슴이 답답한 마을이었다. 산이 많은 지역이라 논이 부족하여 일 년 내내 쌀밥 먹는 집이 한두 집에 불과했다. 외지를 나가려면 적어도 오솔길을 십리는 걸어가야 차가 다니는 도로가 있었다. 근처에는 병원이 없어 아파도 그냥 버티거나 점쟁이를 불러 잠밥(무당이나 어른들이 보자기에 쌀을 넣고 아픈 부위를 문지르는 행위)을 먹이거나 아니면 민간요법으로 치료하는 것이 고작이었다. 성냥 한 통을 구하려 해도 읍내로 나가거나 오일장을 기다려야 했다. 지금에 비하면 의식주가 형편이 없었다. 초등학교도 면 소재지에 하나가 있어 십리를 걸어 다녀야 했다. 전기가 들어온 것도 1970년대 후반이니 어떤 곳인지 짐작할 수 있을 것이다.

즐겨 먹었던 것은 산에 나는 고사리, 취, 더덕, 도라지와 들에 나는 달래, 쑥, 미나리 같은 푸성귀였다. 간식거리로는 어름, 다래, 깨금 같은 산에서 나는 열매들이었다. 요즘 사람들이 생각하면 으뜸가는 건강식이었던 셈이다. 산에는 소나무 숲이 우거져 아침에 일어나 관솔(소나무에서 가지가 죽어 말라 붙어있는 것으로 약간의 기름기가 있어 불에 잘 타는 성질이 있음)을 따다가 밥을 지을 수 있을 정도로 울창하였다. 마을 앞을 흐르는 개울은 선녀들이 달밤에 내려와 목욕을 하고 올라 갈 정도로 깨끗했다. 개울에는 수세미로 닦아 놓은 듯한 바위가 널려 있었다. 바위 사이로는 맑은 물이 졸졸졸 흐르고 물속에는 붕어나 피라미, 불무테기(동사리라는 고기를 우리 고향에서 부르는 이름), 메기, 뱀장어, 그리고 빠악 빠악 소리를 낸다고 해서 붙여진 빠가사리(동자개) 등이 헤엄치며 평화롭게 살고 있었다. 봄이 되면 사람들은 먹을 것이 없어 산나물이나 소나무껍질을 벗겨 연명하거나 개떡이나 꽁보리밥으로 춘궁기를 지냈다.

입에 풀칠하기도 바쁜 시대였으니 공부한다는 것은 일종의 사치였다. 학교를 다닌다 해도 대부분 초등학교를 나오면 진학을 포기하고 생업에 종사하였다. 200여 명이 살던 우리 마을에도 한글을 읽지 못한 사람들이 많이 있었다. 글을 모르는 사람들은 관공서에서 공문이 오면 글을 아는 사람을 찾아가 묻는 것이 낯설지 않았다. 초등학교와 중학교가 우리 마을로부터 십리 정도 떨어진 면 소재지에 있었다. 십리는 4킬로로 어린이들이 걸어 다니기에는 너무 먼 거리였다. 그러니 일기가 나쁜 날에는 결석을 자주 했다. 학교를 오갈 때도 한사람씩 가는 경우는 거의 없었다. 동네 학생들이 모두 모여 최상급자의 인솔 하에 줄을 서서 노래를 부르며 다녔다.

나의 살던 고향은 꽃피는 산골 복숭아꽃 살구꽃 아기진달래
울긋불긋 꽃 대궐 차리인 동네 그 속에서 놀던 때가 그립습니다.
꽃동네 새 동네 나의 옛 고향 파란들 남쪽에서 바람이 불면
냇가에 수양버들 춤추는 동네 그 속에서 놀던 때가 그립습니다.

'고향의 봄' 이라는 이 노래는 지금도 한잔 걸치고 나면 으레 흥얼거리는 나의 애창곡이다. 내가 초등학교 입학하던 시대는 전쟁의 상처가 채 가시기 전이라 사회가 흉흉했다. 요즘 말로 유언비어나 괴담이 난무했다. 문둥이가 어린애 간을 먹으면 낫는다는 괴담이 퍼져있었다. 어느 마을에는 학생을 문둥이가 잡아다가 간을 빼먹었고 미친 사람이 길가는 사람을 이유 없이 칼로 찔러 죽였다. 미친개가 학생을 물었는데 그 학생이 미쳤다는 등의 유언비어가 특히 많았다. 이런 괴담 때문에 대낮에도 혼자 산길이나 들길을 돌아다니기가 겁이 났었다. 나는 어린 시절 특히 초등학교 1, 2학년 때는 건강하지 못하고 잔병치레를 많이 하며 몹시 약했다. 학교 갔다 집에 오면 의사도 아닌 친척 아저씨가 주사를 놓아 주었고, 주사를 맞을 때마다 몹시 아팠다.

아지랑이 아른거리고 깊은 계곡에는 아직도 진달래꽃의 수술이 다 떨어지기 전으로 기억되는 어느 늦은 봄날이었다. 학교에 등교하여 수업을 하고 있었는데 얼마 안 있어 비가 퍼붓기 시작했다. 그 당시 우산은 아무나 가지고 다니는 물건이 아니었다. 양반집 아녀자나 지

체 높으신 부잣집 어르신네들이나 사용하는 물건이었다. 가난한 집 사람들은 볏 집이나 왕골로 만든 우비를 둘러쓰는 것이 보통이었다. 어린 것들은 빗속을 헤치며 걸음아 날 살려라 하고 달리는 것이 우중에 보는 풍속이었다. 수업이 끝나고 나와 보니 같이 가야할 동네 선배 언니나 누나들이 보이질 않았다. 맑은 날에도 혼자 집으로 간다는 것은 무서운 일이었는데 비가 내리는 날에 어린애 혼자 산을 넘고 오솔길을 걸어 십리 길을 가야 한다는 것은 큰일이었다. 특히 비만 오면 물에 잠기는 학교 앞 징검다리를 혼자 건너야 한다는 것이 어린 내게는 너무나 두려웠다.

할 수 없이 나는 비를 피하여 학교 건물 처마에 서서 눈물을 훔치고 있었다. 마침 그곳을 지나던 담임선생님이 눈물범벅이 된 나를 보시더니 왜 울고 있느냐고 물으셨다. 나는 어렵사리 이유를 말씀을 드렸다. 내 말을 듣고 나신 선생님은 나더러 울지 말라며 눈물을 닦아 주셨다. 그러고는 여기서 조금만 기다리라고 하시더니 조금 후에 오셔서 집에 가자고 하셨다. 선생님은 우산 하나를 받쳐 들고 오셨다. 한 우산을 둘이 쓰게 되니 우산을 쓰나 안 쓰나 매 한가지였다. 학교 앞 개울에 이르니 생각했던 대로 징검다리는 물에 잠겨 흔적조차 찾아볼 수 없었다. 선생님은 날더러 업히라고 하시더니 물속에 잠긴 징검다리를 성큼성큼 건느셨다. 선생님의 등은 어머님의 등보다 더 향기롭고 따뜻하고 포근했다. 잠시 이분이 내 어머니였으면 좋겠다는 생각도 했다. 징검다리를 건네주고 이제 집으로 잘 가라고 할 것 같았다. 그런데 개울을 건넌 선생님은 나를 업으신 채로 이 이야기 저 얘기를 하시면서 집으로 향하고 있었다. 이제 곧 나를 내려주고 집에 잘 가라고 하시겠지 하는 생각을 하면서 선생님 등에 업혀있었다. 한참을 더 오시더니 나를 등에서 내려놓으셨다. 아! 이제 나더러 혼자가라고 하시겠구나 하면서 마음의 준비를 하고 있는데 나를 내려놓으신 선생님은 내 손을 잡으시더니 나와 함께 걸으시며 우리 집까지 동행해 주셨다. 비가 많이 내려 내가 집에 오는 것을 걱정을 하고 계시던 어머님은 선생님 손을 잡고 집으로 돌아오는 나를 보시더니 고마운 마음에 어찌할 줄을 모르셨다. 어머님은 누추한 집안으로 선생님을 안내했다. 대접할 것이 변변치 못한 때라 무슨 음식으로 대접을 하셨는지 기억에는 없다. 또한 그날 선생님이 우리 집에서 주무시고 가셨는지 그냥 돌아 가셨는지도 세월이 지나 기억이 잘 나지 않는다. 그러나 어린 나이였지만 지금까지 그 선생님을 잊지 못하고 있다. 너무 어릴 적이라 그 선생님 이름과 얼굴 또한 까마득하게 잊었지만 선생님이 베풀어준 큰 사랑은 지금도 어제처럼 뚜렷이 살아 내 가슴 속에 숨 쉬고 있다.

나도 선생님의 뒤를 이어 학생을 가르치는 업에 종사하고 있다. 강단에 서다보면 어려움도 있고 서운한 일도 많다. 그 때마다 선생님을 생각하며 나는 기쁜 마음으로 학생들을 가르치고 있다. 내가 가르치는 학생들은 대학생들이라 업어서 개울을 건널 일은 없지만 학생들이 건너야 할 인생의 깊고 험한 강을 건너는 다리가 되어 주려고 한다. 어떤 제자가, 언제 어느 곳에서 나를 생각하며 살고 있을지 모르기에 나의 선생님처럼 살려고 노력하고 있다. 나는 "죽는 날까지 세상 모든 것을 사랑하자"는 좌우명을 가지고 살고 있다. 내가 사랑을 삶의 최고의 선으로 생각하며 살고 있는 것도 아마 선생님의 크신 사랑에서 얻어진 것이라 믿고 있다. 선생님 어느 하늘아래 계십니까? 선생님이 그립습니다. 어느 곳에 계시든 행복하고 건강하게 사시길 간절히 기원합니다.

미꾸라지한테 고추 물린 사연

1950년대의 우리나라의 여름 농촌 풍경은 오지탐험 프로에서나 가끔 볼 수 있는 원주민들의 삶과 별반 다를 바 없는 그런 모습이었다. 어린애들의 몰골은 난민촌에서 구호물자를 배급받기 위해 달려드는 배고픈 어린이들과 유사했다. 대다수의 어린이들은 영양실조에 걸려 깡말라 있었고, 눈은 푹 꺼져 있어 죽음의 그림자가 드리워진 모습이었다. 햇빛에 새까맣게 탄 피부는 굴뚝보다 더 까맣게 그을려 있었고, 배는 임신 8개월쯤 된 임산부처럼 볼록 튀어나와 있었다. 걸치고 있는 옷이라고 해야 나이가 좀 든 애들은 아랫도리를 가렸을 뿐 대부분은 여물지 않은 풋고추를 자랑처럼 내놓고 활보하던 시절이었다.

얼굴은 핏기라고는 찾아볼 수 없고 여기 저기 생채기가 나서 딱지가 붙어있고, 콧구멍에서는 콧물이 마치 바닷가의 갯지렁이가 갯벌 속을 들락거리듯이 숨을 쉴 때마다 양 콧구멍을 들락거렸다. 헝클어진 머리는 들새들이 집짓기 좋게 생겼고 맨발로 걸어 다니는 애들이 태반이었다. 신을 신고 있다고 해도 찢어진 검정고무신이 고작이었다.

간식거리는 잘사는 집 애들은 가끔 갱엿이나 깜밥(누룽지의 전라도 사투리)을 자랑하며 먹기도 했으나 대부분의 애들에게는 그림의 떡이었다. 그런 형편이다 보니 애들의 간식거리는 산과 들에 널려있는 자연이 주는 식품이 전부였다. 뗏장뿌리(잔디뿌리)나 칡뿌리를 캐어 껌처럼 씹어 단물을 빨아 먹거나, 찔레나무 새 순을 꺾어 껍질을 벗기고 연한 속을 염소처럼 씹어 먹거나, 삐비(들에 나는 억새 같은 풀의 꽃)라 불리는 풀의 꽃대를 뽑아 허기를 채우기도 했다. 때로는 보리나 밀을 서리해서 불에 구워 먹었다. 불에 구운 보리를 손바닥에 놓고 비벼서 후후 불면 보리 껍질은 날라 가고 구운 보리알이 손바닥에 남게 되는데 이것을 먹었다. 보리를 구워 먹다 보면 새까만 끄름이 입술과 얼굴에 묻어 마치 식인종 도깨비 같았다. 이런 모습을 서로 바라보며 박장대소하고 떠들며 장난치고 지내던 일이 우리의 추억이 어린, 어린 시절이었다.

조금 큰 애들은 높다란 나무 위를 원숭이처럼 기어 올라가 비둘기의 알이나 물새알을 꺼내다가 깨서 대파고동(대파에서 솟아나는 꽃대)속에 넣고 구워먹기도 했다. 그 맛은 일품으로 아직도 그 생각을 하면 입에 침이 고인다. 물론 알을 꺼내다가 나무에서 떨어져 죽을 고비를 넘긴 적도 있었는데, 나무에서 떨어지면 병원에 가는 대신 공중변소에서 똥물을 떠다가 소주와 계란을 타서 먹이기도 했다. 새알을 구워 먹으려고 깨다보면 곧 부화할 어린 새끼가 나와 기겁을 한 적도 있었다. 이골이 나면 알을 꺼낼 때 하늘에 비춰봐서 알 속이 맑으면 부화하기 전의 것으로 꺼내서 구워 먹고, 알 속에 검은 점이 보이면 새끼가 생긴 것으로 둥지에 남겨두는, 고양이 쥐 생각하는 선행(?)도 했다.

이따금씩 종을 흔들며 아이스케키(아이스케이크) 장사가 나타나는 날은 동네 꼬마들의 소문난 잔칫날이었다. 무더운 날에 얼음을 구경한다는 자체가 신기한 일이었다. 갈증을 풀어줄 시원한 아이스케키를 먹고 싶은 욕망이 아이스케키 통을 뜨겁게 달구었다. 집에 부러진 숟가락이나 떨어진 고무신 혹은 깨진 놋쇠그릇을 가져다 아이스케키를 사먹는 놈이 있으면 부럽기 그지없었다. 먹을 때는 보란 듯이 혀를 날름거리며 얄밉게 빨아 먹기 일쑤였다. 먹는 모습을 바라보고 있노라면 나도 모르게 입속 가득 고인 침이 목구멍을 타고 꼴깍 넘어갔다. 아이스케키를 먹으면서 먹는 모습을 쳐다보고 있는 애들을 향해

"세상에 가장 추한 놈이 남이 머 먹을 때 바라보는 놈이야"

라며 약을 올리기도 했다. 그러나 비위가 좋은 애들은 한입 얻어먹기 위해 갖은 아양을 떨기도 했다. 당시에 입에 달고 살던 말이 있었다. '나 쪼꼼' (나 조끔만 주라는 약어)이라는 말이었다. 누가 맛있는 것을 먹고 있으면 손을 벌려 '나 쪼꼼!' 하며 따라다녔다. 아이스케키의 환상적인 맛을 보지 못한 애들은 아이스케키 통에서 흘러나오는 얼음 녹은 물을 손바닥으로 받아 그 시원함을 느끼며 대리 만족하는 것으로 아쉬움을 달래곤 했다.

동네에는 어른 아이 할 것 없이 모이는 장소로 모종이라 곳이 있었다. 한 여름이면 점심을 먹고 오수를 즐기기도 하고 각종 게임을 하기도 하는 지금의 마을 회관 같은 곳이었다. 어른들은 일하러 나가기 전

에 오수를 즐기는 곳이기도 했다. 헐렁한 삼베바지를 입고 주무시는 어른들이 많았다. 주무시는 어른들의 삼베바지 사이로 축 늘어진 쭈글쭈글한 고추를 마음만 먹으면 누구나 쉽게 볼 수 있었다. 그 모습을 보며 서로 키득거리기도 하였다. 여름에는 어른들의 물건을 누구나 쉽게 볼 수 있다는데서 "여름 자지는 풋 자지"라는 말이 만들어졌다는 얘기도 들었다. 어린이들은 그 곳에서 구슬치기나 공기놀이 혹은 고니놀이를 하기도 했다. 놀이가 재미없게 되면 패거리를 지어 동네 가까이에 흐르는 개천에 나가 물놀이를 하거나 피리, 붕어, 버들치, 미꾸라지를 잡아 장난을 치며 놀았다.

무더위가 기승을 부리고 있던 어느 여름날 점심을 먹고 모종에 모인 동네꼬마들은 더위를 피하기 위하여 동네 앞으로 흐르는 개울에 나가 고기를 잡으며 멱을 감고 물놀이를 하며 놀았다. 한참을 신나게 물장구치며 놀고 있는데 갑자기 시커먼 먹구름이 몰려왔다. 천둥 번개를 동반하여 회오리바람과 함께 소낙비가 내리기 시작했다. 농부들은 무더운 여름 대낮에 갑자기 내리는 소낙비를 천금 같은 비라고 했다. 무더위를 식혀줌은 물론 곡식을 성장시키는 고마운 비라는 의미였다. 삼복더위라 해도 바람이 불고 비가 내리는 날 발가벗고 있으면 몸에 한기가 들기 마련이었다. 물속에서 장난치며 놀다보니 몸도 지치고 배도 고픈데다 추위가 몰려왔다. 이런 때에는 몸을 물 밖으로 내놓는 것 보다는 물속에 몸을 담그고 있는 것이 더 따뜻했다. 경험을 통해 이를 알기 때문에 애들은 머리만 내놓고 몸은 물속에 담그고 구름가린 해가 나올 때를 기다리며

"해야 솟아라! 어서 빨리 솟아라!"

하고 노래를 부르면서 옹기종기 물속에 모여서 서로 몸을 웅크리고 떨고 있었다. 그런데 갑자기 옆에 있던 한 친구가 돼지 멱따는 소리를 지르며 물 밖으로 뛰쳐나오는 것이 아닌가! 우리들은 놀란 토끼처럼 모두 일어나 그 친구를 바라보았다. 그 친구는 얼굴이 새파랗게 질려 울지도 못하고 발만 동동 구르고 있었다. 우리는 모두 일어나 물 밖으로 나와 울고 있는 친구한테로 달려갔다. 그런데 이게 웬일인가? 누렇게 생긴 고기 한 마리가 그 친구 고추에 대롱대롱 달려있었다. 가까이 가서 보니 웬만한 뱀장어만한 미꾸리가 물 밖인데도 친구 고추를 꽉 물고 있었다. 상급생 형이 미꾸라지를 떼어냈다. 그제 서야 친구는 울음을 멈추고 고추에 이상이 없는지 확인하고는 '헤' 하며 웃었다. 사건은 싱겁게 마무리되었고 우리들은 배꼽을 잡고 웃었다.

오랜 시간 추위를 피해 물속에 앉아있어 우리 고추가 추위에 쭈그러들어 마치 번데기 같이 되었던 것이고, 미꾸라지는 번데기 같은 고추를 미끼로 착각하고 덥석 물었던 것이었다. 그 이후로 그 친구의 별명은 '미꾸라지한테 고추물린 놈' 으로 놀림을 받았다. 나는 그 후로 물속에 들어가면 꼭 고추를 손으로 잡는 버릇이 생겼다. 요즘 동네 목욕탕에 들어갈 때도 나도 몰래 늙어빠진 고추를 손으로 부여잡고 들어간다.

풋사랑

나는 초등학교 2학년 때부터 졸업할 때까지 외갓집에서 학교를 다녔다. 내가 다니던 초등학교에는 남학생반과 여학생반이 구분되어 있었다. 남녀칠세부동석이라고 남자와 여자가 같은 반에서 공부하는 것이 어른 눈에는 못마땅하게 보였던 모양이다. 턱밑의 잔털이 시크무리해지면서 여자가 예뻐 보이기 시작했다. 그 당시 우리와 같은 학년인 여학생 반에는 두 명의 정숙이가 있었다. 한 학생은 송정숙이었고, 또 한 학생은 이정숙이었다. 송정숙이는 나처럼 외가 집에서 학교를 다녔고, 이정숙이는 교장선생님의 딸이었다. 이 가운데 나는 귀엽게 생기고 공부도 잘하는 송정숙이를 좋아했다. 같은 처지여서 동병상련이 있어서였는지는 알 길이 없지만 아무튼 송정숙이가 좋았다. 정숙이 엄마는 당시 여성으로서는 보기 드물게 도회지에서 고등교육을 받은 엘리트 여성으로 공직에 있다는 것을 소문을 들어서 알고 있었다.

살기 어렵던 시절이라 대부분의 애들이 책가방이 없어 보자기에 책을 싸가지고 다녔으나, 정숙이는 가방을 메고 고급스런 명품(?) 옷에 귀한 운동화를 단정하게 신고 다니는 몇 안되는 학생 중의 한명이었다. 그런 정숙이가 망나니 같은 내 눈에도 예뻐 보였다. 정숙이 외가 집은 우리 외가 집보다 학교에서 조금 멀리 떨어져 있었다. 나는 등교할 때마다 동네 뒷산에서 정숙이가 나타나기를 기다리다 시간을 맞추어 학교에 들어가곤 했다. 그냥 그렇게 하고 싶어 그렇게 했다. 이런 사실은 정숙이가 전혀 모르는 일이었다.

정숙이가 예뻐 보이면서 내게 변화가 나타나기 시작했다. 외모에 전혀 신경을 쓸 줄 모르던 내가 신경을 쓰기 시작한 것이다. 바지가 더러워지면 외할머님이 갈아입으라고 하지 않으셔도 손수 장롱을 뒤져 깨끗한 것으로 갈아입는 버릇도 생겼다. 거울을 보며 머리에 물을 바르는 짓도 해보게 되었다. 무엇보다도 정숙이를 보면 괜히 얼굴이 붉어졌다. 그리고 다른 학생들이 정숙이에게 시비를 걸거나 괴롭히면 내가 나서 말리는 기사 행세를 했다. 어느 날인가 운동장에서 뛰어 놀다 교실에 들어서니 정숙이가 한 남학생하고 싸움을 하고 있었다. 정숙이는 키는 작고 통통했지만 말은 야물지게 잘했다. 말로는 감당이 안 되었던지 남학생이 정숙이를 주먹으로 쥐어박고 있었다. 나는 쏜살같이 달려가 싸움을 말렸다. 분에 못 이겨서인지 정숙이는 엉엉 울기 시작했다. 어색하게 서있던 나는 울고 있는 정숙이를 달래주고 싶었으나 부끄러워 그렇게 하지 못했다.

어느 설날이었다. 때때옷을 입고 외갓집 어른들께 세배를 드리고 집에서 놀고 있는데 갑자기 정숙이가 예쁜 한복을 차려입은 아주머니

손을 잡고 우리 집으로 왔다. 알고 보니 그 아주머니는 정숙이 어머니였다. 나는 왜 정숙이 어머니가 우리 집에 왔을까 궁금해 하고 있었다. 그리고 정숙이를 보니 반갑기도 했지만 부끄러운 마음도 들었다. 도둑이 제발 저리다더니 그냥 혼자 부끄러웠다. 나를 본 정숙이가

"안녕!"

하면서 인사를 했다. 그러면서 같이 온 어머니에게 나를 소개시켜 주었다. 정숙이 어머니는 잘 생겼다며 내 머리를 쓰다듬어 주셨다. 그리고 나서 정숙이 어머니는 우리 외할머니를 향해

"당숙모 저 왔어요!"

라고 했다. 외할머님이 방문을 열고 나오시더니

"어서 와라"

하시며 반갑게 맞이해 주셨다. 방으로 들어온 정숙이와 정숙이 어머님은 우리 외할머님께 세배를 했다. 세배를 받고 난 외할머님이 나더러 정숙이 어머니께 세배를 하라고 하셨다. 정숙이 어머님이 외할머니에게 '이게 종순이 아들이냐' 고 물었다. 외할머님이 그렇다고 하자 정숙이 어머님은 다시 내 손을 잡더니 엉덩이를 두드리면서 똑똑하게 잘 생겼다고 했다. 그러면서 몇 살이냐고 물으면서 정숙이와 나이 비교를 하시더니 내가 정숙이 오빠가 된다고 했다. 졸지에 정숙이가 내 동생이 되는 순간이었다. 그 날 이후로 나는 정숙이가 남이 아니라는 것을 알게 되었다.

시간이 흘러 졸업반이 되었다. 6학년이 되어서는 중학교로 진학할 학생만을 따로 모아 담임선생님이 무상으로 공부를 가르쳐 주셨다. 나와 정숙이를 포함하여 대 여섯 명이 같이 공부를 했다. 비록 짧은

기간이었지만 즐거운 시간이었다. 동생들과 떨어져 사는 나는 정숙이를 내 친동생 이상으로 좋아했다. 그러나 정숙이는 나를 오빠라고 한 번도 부르지 않았다.

중학교 입학시험이 다가왔다. 정숙이는 전주의 S 여자중학교에 지원했고 나는 전주 B중학에 지원했다. 시험을 치르기 위하여 전주로 나가야 했다. 내가 살던 곳에서 전주까지는 약 백 리나 떨어져 있었다. 외가 집에는 성인남자가 없어 나를 데리고 전주로 갈 사람이 없었다. 외가 집에는 할머님과 일꾼 그리고 집일을 도와주던 일하는 이모가 있었다. 이 중 어느 누구도 나를 데리고 전주로 갈 수 있는 사람이 없었다. 고향에 계시는 아버지도 바쁘셔서 아들 입시 날에도 오시지 못하였다. 하는 수 없이 외할머님은 정숙이 외삼촌에게 연락하여 정숙이를 데리고 가는 길에 나도 데리고 가라고 부탁하셨다. 외할머니는 시험 잘 치르라고 새 옷까지 한 벌 사주셨다. 깔끔하게 옷을 차려입고 정숙이와 나는 정숙이 외삼촌을 따라나섰다. 전주에 가는 차를 타려면 집에서 오 리쯤 떨어져 있는 오성교로 나가야 했다. 집에서 오성교 까지는 허허벌판으로 겨울바람이 쌩쌩 불었다. 그러나 나는 정숙이와 같이 있다는 사실과 자동차를 타고 전주에 간다는 사실 그리고 시험을 치러야 한다는 부담감으로 추위를 전혀 느끼지 못했다.

버스정류장에 도착하여 한참을 기다리니 버스가 왔다. 버스는 이미 콩나물 시루였다. 버스에 올라타니 사람들의 훈김으로 따뜻했으나 자동차 기름 냄새가 역겨웠다. 버스 안에는 나와 같은 입시생들이 많이 눈에 띄었다. 버스는 뒤뚱거리면서 한참을 달렸다. 가다가 길가에서 사람이 손을 들면 그냥 태우고 가는 것이었다. 차를 타고 얼마쯤 가고 있었는데 갑자기 속이 뒤집히기 시작했다. 얼굴이 창백해지며 사색이 되었다. 참으려고 애를 썼으나 결국 울컥하고 아침에 먹었던 음식이 입 밖으로 뛰어나왔다. 그 오물은 작은 손바닥으로 감당하기 어려웠다. 결국 앞에 서있던 정숙이 옷에까지 튀고 말았다. 창피하고 미안하고 아무튼 쥐구멍이라도 있으면 들어가고 싶은 심정이었다. 겨우 사태를 수습하고 전주에 도착했다. 버스에서 내려서 정숙이 삼촌이 나를 데리고 중앙동에서 한약방을 하시는 당숙 댁으로 데려다 주었다. 하도 미안하여 정숙이에게 잘 가라는 말 한마디 못하고 헤어졌다. 왜 그다지도 숫기가 없었던가! 그리고 정숙이 앞에만 서면 무엇이 그리도 부끄러웠던가?

그 후 한 30여년이 지나 두 정숙이를 서울에서 만났다. 초등학교 동창회에 나갔는데 두 정숙이가 나타난 것이다. 지난 추억을 거침없이 주고받다가 한 친구가 송정숙이를 좋아했다고 실토했다. 그러니 여기저기에서 자기도 그랬다는 소리가 들렸다. 나 혼자 정숙이를 좋아했다고 생각했는데 사실 정적이 많았던 모양이었다. 나는 그날도 정숙이에게 어렸을 적 좋아했었다는 말을 하지 못했다. 다만 정숙이도 내가 자기를 좋아했었다는 것을 알아주기를 은근히 바랄 뿐이었다. 한참 웃고 떠드는데 옆에 있던 이정숙이가 '이 교수!' 하면서 내 어깨를 뚝 쳤다. 그러고는 자기가 초등학교 때 이 교수를 많이 좋아했다고 했다. 지난 일이지만 듣기 싫진 않았다. 나는 천연덕스럽게

"그때 그렇게 이야기하지? 그랬으면 교장선생님 사위되었을 텐데"

라며 너털웃음을 웃었다.

그리고 옆에 앉아 있던 송정숙이 보고 한 번만 오빠라고 불러달라

고 부탁했다. 그랬더니 정숙이가 주민등록증을 좀 보자고 했다. 나는 이 기회에 확실하게 확인하고 오빠 대접을 받을 생각으로 쾌히 승낙을 했다. 서로 주민등록증을 교환하여 생년월일을 확인해보니 정숙이 생일이 나보다 며칠 빨랐다. 내 생일은 음력이었고 정숙이 생일은 양력이었다. 졸지에 오빠가 동생으로 뒤바뀌는 순간이 되고 말았다. 지금 생각해보면 정숙이가 나의 풋사랑이 아니었나 생각한다. 환갑을 바라보는 나이가 되었지만 웬지 내 풋사랑을 곱게 간직하고 싶다.

번데기 고사

나는 요즘도 길을 가다가 뻔데기(번데기를 어릴 적에 부르던 이름) 팔고 있는 가게를 그냥 지나가질 못한다. 구수한 냄새도 냄새지만 오돌오돌 씹히는 고소한 번데기 맛은 내 어린 시절의 피와 땀과 인내로 점철된 추억이 깃든 맛이기 때문이다.

내가 살던 고향은 산골로 밭은 많으나 논이 많지 않아 쌀 생산량이 적었다. 대신 밭곡식을 생산하여 연명하는 사람들이 많았다. 대부분 자급자족하며 살아가고 있었고 주식도 쌀보다는 보리나 강냉이 혹은 고구마였다. 의복도 겨울옷은 미영(목화)을 재배하여 미영 베(면, 광목이라고 했음)로 옷을 만들어 입었다. 고급스런 옷으로는 누에를 쳐서 명주를 만들어 옷을 해 입었다. 여름옷으로는 삼(껍질로 삼베를 짜는 식물)을 갈아 삼베를 짜거나, 모시를 갈아 모시 베를 만들어 시원한 옷을 해 입었다. 명주나 모시는 부유층이 주로 입는 고급 옷감이었다.

우리 마을은 산이 많아 집집마다 뽕나무를 심어 누에를 길렀다. 누에는 일 년에 두 번 기르는데 봄에 기르는 누에를 춘잠이라 불렀고, 가을에 기르는 누에를 추잠이라 불렀다. 누에가 커서 집을 지으면 하얀 누에고치가 된다. 이 누에고치를 물에 넣고 삶아가며 물레로 잣으면 가느다랗고 부드러운 명주실이 만들어진다. 누에고치를 솥에 넣고 삶으려면 누군가 불을 계속 때주어야 한다. 불 때는 일을 어른이 하기에는 쉬운 일이었다. 따라서 대부분은 집안의 어린애들이나 늙은 할머니들이 전담하는 작업이었다.

우리 어머니는 논농사가 많은 들녘에서 시집을 왔기 때문에 이런 질삼(베를 만드는 일)을 하지 못했다. 그러므로 나는 어릴 때 길쌈을 위해 불 때는 일에 동원되지는 않았다. 집에서 엄마들이 길쌈을 하는 애들은 어려움을 호소하기도 했다. 그러나 질삼을 할 때 누에고추로부터 실을 다 빼고 나면 번데기가 나온다. 누에의 애벌레가 나방이로 변해야 되는데 나방이로 변하기 전에 나방이 집을 실로 만들어 버리므로 나방이는 사람들에게 자기 집을 내 줄뿐만 아니라 자기생명까지도 바치는 것이다. 나방이가 되기 전의 누에가 바로 구수한 먹거리인 번데기가 된다. 번데기는 어릴 때 먹을 수 있었던 간식거리로는 최고의 별미였다. 그러나 나는 우리어머니께서 길쌈을 하지 못하기 때문에 번데기를 얻어먹을 기회가 거의 없었다.

어느 봄 날 옆집에서 명주실을 만들려고 준비를 하고 있었다. 그런데 아주머니가 불을 때줄 사람이 없다고 했다. 나는 얼른 내가 해 주겠다고 자원을 했다. 번데기 생각이 났기 때문이었다. 대부분은 실을 뽑고 남은 번데기는 불 때주는 애들의 입으로 들어가는 것이 관례였기 때문이었다. 나는 집에 큰일이 있을 때에는 불을 때주는 일을 곧잘 했기 때문에 이일은 어느 정도 자신이 있었다. 아주머니는 기꺼이 허락해 주었다.

나는 아주머니의 허락 하에 불을 때는 일을 하게 되었다. 그러나 불을 때는 일도 쉬운 것만은 아니었다. 바람이 내 앞으로 불어오면 연기가 눈으로 들어와 눈물이 흘러내렸다. 불이 너무 약해도 안 되고 너무 세도 안 되기 때문에 적당히 때야 했다. 이렇게 알맞게 불을 계속 때는 것이 노하우면 노하우였다. 눈물을 흘리며 작업을 한 지 수십 분이 지나면 누에 고치는 실을 토해내기 시작하고 실을 다 토해낸 누에고치는 흔적도 없이 사라진다. 누에고치가 모두 명주실로 변하고 나면 잘 익은 번데기가 물위에 동동 뜨게 된다. 이것이 노력의 대가로 받는 보수였다. 처음 먹는 번데기 맛은 기가 막히게 맛이 있다. 그러나 한계효용체감의 법칙으로 여러 개의 번데기를 먹다보면 질리기 마련이었다. 이정도가 되면 슬슬 불 때는 일에 싫증이 나게 되고 일을 마칠 핑계를 만들기 시작한다. 화장실을 가야한다거나 숙제를 해야 한다거나 이런 저런 핑계를 댔다. 아주머니는 모르는 척하면서

"그래 그럼 어서 가서 해라."

하시며 나를 자유롭게 해주셨다. 대가를 받고 일하는 것이 아르바이트라면 나는 초등학교 때 번데기를 얻어먹기 위하여 아르바이트를 했다. 요즘 애들이 벌레 먹는다고 흉을 보지만 아직도 번데기 맛은 죽여준다.

부지깽이 사랑

제2부 첫사랑

첫 사랑

나는 시골에서 초등학교를 졸업하고 전주로 유학을 하게 되었다. 중학교 때 공부를 잘하는 착한 학생이었기에 부모님은 내게 큰 기대를 했다. 부모님의 소원은 내가 판사나 검사가 되는 것이었다. 그러나 고등학교에 입학한 나는 처음 시험부터 1등은 고사하고 1학년에서 중간 정도에 그쳤다. 중학교에서 너무 지친 탓인지 그 정도의 실력에도 크게 개의치 않았다. 오히려 공부가 인생의 전부인가? 라는 배짱이 생기게 되었다. 맹모삼천지교라고 했던가? 설상가상으로 고등학교에 입학한 나는 집안 사정으로 작은어머님 친정에서 기거하게 되었다. 집 앞에는 고도(古都) 완주의 한 많은 역사를 지켜보고 있던 다가공원이 놓여있었다. 집과 공원 사이에는 사정(舍亭)이라고 부르던 활을 쏘는 집과 과녁 사이에는 공터로 야채를 가꾸는 밭이 있었다. 그리고 집 우측에는 예수병원으로 통하는 비 포장된 길이 있었다. 길 건너에는 집 주위에 있었던 S 중. 고등학교 관사와 몇 개의 집이 있었다. 우리 하숙집과 길을 사이에 두고 마주보고 있던 집은 S중학교 유 선생님 댁으로 유 선생님은 아들과 몇 명의 하숙생인지 친척인지 두서너 명의 학생들이 있었다. 학생 중에는 나보다 어려서 날 보고 형이라고 하는 학생도 있었고, 나보다 선배인 사람도 있었다. 그 유 선생님 댁 마당을 지나 내 방의 창문과 마주하는 한옥이 하나 있었다. 그 집은 S고등학교 교목선생님의 집이었다.

분위기로는 환경이 좋아보였으나 또래의 학생들이 많이 있어 하루에 한두 번 특히 해질 무렵에는 떠드는 소리로 주위가 시끌벅적하기도 했다. 저녁식사를 마치면 하나 둘 밖으로 나오고 나 역시 자연스럽게 그들과 어울리게 되었다. 각 지방에서 올라와 하숙을 하는 사이지만 서로 형 동생 하며 친하게 지냈다. 놀 일이 많으니 공부하는데 썩 좋은 분위기는 아니었다. 또한 내가 기거하던 집에는 나보다 세 살쯤 어린 중학교에 다니는 작은 어머님 조카가 있었다. 나는 시간을 내어 그 조카 공부도 봐주는 가정교사 같은 일도 했다. 이런 분위기에서 고등학교 시절을 시작했다.

볼에 닿는 바람이 감미로운 4월 어느 저녁이었다. 내가 기거하는 집 앞에는 족히 몇 백 년은 넘었을, 거대한 느티나무가 서있었는데 우리 집을 찾는데 이정표 역할을 잘 해주었다. 그 느티나무에도 봄기운이 찾아와 연한 녹색의 잎이 트고 있었다. 서쪽 하늘에 떠있던 반달도 가는 것이 아쉬워 느티나무가지에 걸려 있었다. 임을 부르는 두견새도 나뭇가지에 몸을 숨긴 채 목 놓아 임을 부르고 있었다. 소쩍 소쩍 피를 토하며 처량하게 울어대는 두견새는 달빛에 그늘진 소외받은 공원을 위로하고 있었다. 갈 길이 구만리 같은 이 몸도 무엇이 그리도 그리웠던지 창문을 열어 젖치고 자연이 연출하는 4월의 오페라를 감상하며 심취해있었다.

세모시 옥색치마 금박물린 저 댕기가
창공을 차고 나가 구름 속에 나부낀다.
제비도 놀란 양 나래쉬고 보더라

자연이 연출한 오페라의 제 3막이었을까? 천상의 목소리가 들려왔다. 순간 나는 선녀가 내려와 독창을 하는 줄로 착각했다. 어디서 들려오는 노래 소리일까? 놀란 토끼마냥 나는 귀를 쫑긋 세우고 들려오는 노래 소리에 귀를 들이밀었다. 소리를 쫓아 음악이 흘러나오는 곳을 찾아보니 길 건너 어둠속에서 들려오고 있었다. 사람은 보이지 않는데 노래는 계속 이어졌다. 한참을 두리번거리는데 목사님 댁 창문에 그림자가 하나 보였다. 보아하니 목사님 가족 중에 누군가 노래를 부르는 것이었다. 그림자로 보아 그 가수는 훤칠한 키에 목소리는 소프라노였다. 가수를 발견한 나는 나도 모르게 따라서 노래를 불렀다. 그녀가 부르는 노래는 김말봉님이 쓰신 '그네' 라는 시로 나도 잘 알고 있는 노래라 곧잘 부르던 노래였다. 마치 두견새가 임을 부르는데 화답이라도 하는 기분이었다. 노래를 부르는 사람이 여자인줄은 알겠는데 아주머니인지 대학생인지 아니면 고등학생인지 알 수가 없었다. 기분이 좋아 따라 부르는데 상대가 누구면 어떠랴! 한 곡이 끝나고 노래는 다른 노래로 바뀌었다. 그녀도 주위에 아랑곳하지 않았다.

두둥실 두리둥실 배 떠 나간다
달 밝은 봄 바다에 배 떠나아 간다.
저 배는 달 맞으러 강릉 가는 배
어기야 디여라 차 노를 저어라.

두 곡을 연이어 부르고 난 그 여인은 내 가슴에 많은 여운을 남기고 이내 방으로 들어가 버렸다. 그날 밤은 창과 창 사이에 연민의 쌍무지개 다리가 만들어지고 있었다. 이 생각 저 생각으로 그날 밤을 흰 밤으로 지새웠다. 다음 날도 여느 때와 같이 학교에 다녀온 우리 하숙집 식객들은 저녁식사를 마치고 밖으로 나와 힘자랑을 하면서 시간을 보내고 있었다. 유 선생님 댁에 사는 중학생 김 군도 밖으로 나왔다. 나는 김 군을 붙들고 목사님 댁에 노래잘하는 여자가 누구냐고 물었다. 묻자마자 김 군은

"아! 옥선이 누나 말이구나. 형 내가 소개시켜줄까?"

그 누나 K여고 다니는데 공부도 잘하고 노래도 잘 부른다며 칭찬으로 입에 거품을 물었다. 김 군은 물어보지도 않은 것까지 신이 나서 내게 이야기해 주었다. 김 군은 그 누나를 잘 알고 있다고 했다.

"몇 학년인데?"

"1학년."

어젯밤 둘은 우연한 기회에 듀엣으로 노래를 불렀고 밤새워 상상했던 여인이 나하고 같은 동급생이라니 이런 인연이 또 있을까? 묘한 감정에 나도 모르게 경망스럽게 김 군에게 그래 소개 좀 시켜달라고 했다. 그랬더니 김 군 이놈 "공짜가 어디 있느냐"며 흥정을 걸어왔다.

그러면서 풀빵 백 원어치를 사주면 소개를 시켜주겠다며 약을 올린다. 아쉬운 사람이 샘 판다고 나는 김 군에게 백 원어치의 빵을 사주겠다고 약속을 했다.

이렇게 약속을 하고 나니 가슴이 두근거리기 시작했다. 자주 열어젖히던 창문을 함부로 열 수가 없었다. 이게 정녕 사랑의 울렁거림이란 말인가? 약속을 하고 만 하루가 지났다. 다음 날 저녁 김 군이 내게 달려와 옥선이 누나가 말하기를 형네 하숙집에 여러 명의 학생이 있는데 누구인줄 알아야 대답을 할 것 아니냐고 말했다고 했다. 그 말을 들은 나는 아 올 것이 왔구나 하고 생각하면서 곧 바로 방에 들어가 나의 이력서를 작성하고 사진까지 붙였다. 추신으로 당신과 건전한 교제를 해보고 싶다는 글까지 써서 김 군에게 주었다. 편지를 주자마자 김 군은 집으로 들어가더니 바로 옥선이 누나 집으로 달려갔다. 유 선생님 댁과 목사님 댁은 서로 왕래할 수 있는 쪽문이 나 있었다. 편지를 보낸 나는 생애 처음으로 사랑이라는 이유로 심장 근육이 요동치는 것을 느낄 수 있었다. 몇 시간이 흐른 뒤에 김 군이 헐레벌떡 뛰어오더니 뭐가 그리 좋은지 만 면에 웃음을 지며 내게 곱게 접은 쪽지 한 장을 내밀었다. 그리고는

"형! 잘해봐!"

하며 사라졌다. 쪽지를 펴보니 내용은 보낸 편지 잘 받았다, 건전한 교제라면 자기도 원한다는 내용이었다. 편지를 읽고 난 나는 발정 난 송아지처럼 뛰는 감정을 주체할 수 없었다. 쇠뿔도 단김에 빼라지 않았던가? 김 군에게 조금만 기다려달라고 말하고 나는 내 방으로 달려 들어가 두근거리는 가슴으로 편지를 썼다. 뜻을 받아줘서 고맙다는

인사말과 함께 다음 주 토요일 밤 7시에 집 앞 느티나무 아래에서 만나자는 내용이었다.

약속을 잡은 날은 편지를 받은 날로부터 3일 후인 토요일 밤이었다. 약속한 날을 기다리면서 마음속으로 얼마나 많은 소설을 썼는지 그 상상의 나래는 끝이 없었다. 처음 만나서 인사부터 시작해서 어디를 어떻게 걸으면서 무슨 말을 할까? 그 당시에는 학생들이 밤 9시가 넘어 시내에 다니다가 훈육선생님에게 적발되면 정학을 당하던 엄한 시기였다. 더욱 이마에 피도 안 마른 놈이 여학생과 데이트를 하다가 발각되는 날이면 최소한 무기정학의 중벌이 기다리고 있었다. 그런데 무서운 것이 아무것도 없었다. 사랑은 국경도 없다지 않던가? 3일 간이 마치 3개월처럼 길게 느껴졌다.

약속했던 그녀와의 첫 데이트 날이 왔다. 확실한 날짜는 기억나지 않지만 그날이 고등학교 들어와 처음으로 가는 봄 소풍날이었다. 소풍은 조선왕조의 시조 이성계의 선조들(목조, 익조, 환조)이 잠들어 있는 덕진 능으로 갔다. 산에는 아카시아 꽃내음이 코끝을 자극하는 향기로 가득하였다. 보리밭 사이로 종달새들이 목청 높여 짝을 찾는 오월이었다. 오랜 만에 도심을 벗어난 까까머리 총각들은 자연과 더불어 신명나게 하루를 즐겼다. 그러나 내 머리에는 온통 저녁에 만나기로 한 여학생 생각에 소풍은 뒷전이었다. 시간이 흘러 해가 서산에 뉘엿뉘엿 지는데 담임선생님은 학생들을 보내줄 생각을 하지 않았다. 모처럼 선생님들도 한 잔 두 잔 주고받은 약주가 올라와 취하셨던 것이다. 취한 담임선생님을 모시고 댁에까지 모셔다 드려야 할 판이었다. 당시에는 차가 흔하지 않아 시내버스가 한 시간 간격으로 오가는

데, 타는 사람이 많아 버스를 타는 것도 여간 어렵지 않았다. 그러니 선생님을 모셔다 드리는 것도 쉽지 않은 일이었다. 나는 부반장을 맡고 있었고 반장은 사태를 파악해서인지 일찍이 가버린 후였다. 상황을 보니 부반장인 내가 모셔야 할 판이었다. 그런데 문제는 저녁 일곱 시에 약속이 있으니 큰일이었다. 내 인생의 신조가 거짓말을 하지 않고 살겠다는 것이었는데 참 어쩔 수 없었다. 남아가 세상에 태어나 사랑을 위해서, 출세를 위해서, 부를 위해서 세 번의 거짓말은 할 수 있다고 어떤 선배님이 말씀했던 기억이 머리를 팍 때리며 스쳤다. '옳지! 사랑을 위해서 선생님께 거짓말을 해보자' 라고 마음먹고 취해있던 담임선생님 곁으로 몸을 비비꼬며 다가갔다. 선생님은 기분이 매우 좋아 보이셨다. 다년간의 경험에 의하여 제자의 태도를 직감하신 선생님께서는 나를 보시더니

"해용이 무슨 일 있어?"

라고 물으셨다. 원래 거짓말을 하면 얼굴이 붉어지고 자동으로 머리에 손이 올라가는 버릇이 있어 머리를 긁적이며

"저~어 선생님 오후에 시골집에 가봐야 하는데요? 지금 나가야 차를 탈수 있거든요!"

라고 새빨간 거짓말을 했다. 선생님은

"그래 어서 가봐"

하시며 흔쾌히 승낙을 해 주셨다. 그 때는 토요일 오전까지 수업을 했고 일요일 하루만 휴일이었다. 따라서 나같이 시골에서 올라와 학교에 다니는 학생들은 한 달에 한두 번 정도 토요일 오후에 집에 내려가 부모님도 뵙고 용돈도 타서 일요일에 올라오는 생활을 했다. 버스

를 타고 내려가는 것도 보통 일이 아니었다. 콩나물시루 같은 만원 버스에 몸을 싣고 고향에 가는 일은 한편 즐겁지만 한편으로는 고역이었다.

거짓말을 하고 뒤도 돌아보지 않고 냅다 달려 버스정류장으로 갔다. 버스를 타고 하숙집에 도착한 나는 소풍가서 뒤집어쓴 흙먼지를 씻고 차려준 저녁식사를 했다. 어디로 들어 간지 모르게 저녁식사를 해치우고 미리 준비한 사복으로 갈아입었다. 이윽고 약속시간이 되었다. 콩닥거리는 심장소리를 들으며 나는 약속한 느티나무 아래로 나갔다. 혹시 나오지 않으면 어떡하나 하는 조바심으로 안절부절 하며 기다리고 있었다. 그 때 옆 골목에서 꿈에도 그리던 여인이 고운 옷을 입고 사뿐사뿐 내가 있는 곳으로 걸어오고 있었다. 이게 꿈인가 생시인가 어떨 결에 마주한 두 사람은 누가 먼저랄 것도 없이

"안녕하세요?"

라는 짧은 인사를 나누었다. 그리고는 약속이나 한 듯이 예수병원이 있는 쪽으로 발걸음을 옮겼다. 잠시 침묵이 흐르고 난 후에 준비한 대로

"노래 잘 부르시던데요? 혹 성악을 하시나요? 이렇게 나와 주셔서 고마워요."

처음 만남이었지만 쉬지 않고 여러 가지 이야기를 주고받았다. 핵심은 신원파악과 공부얘기, 취미 그리고 장래희망 특히 진학하려고 하는 대학 등에 대해서 말을 나눴다. 옥선이는 아빠와 엄마 그리고 두 오빠가 계신다고 했다. 아버지는 알고 있는 대로 S고등학교 교목선생이시라는 것과 위로 오빠가 두 분 계시는데 큰 오빠는 서울 일류대학

의대를 다니시고, 둘째 오빠 역시 서울의 유명대학 약학과에 다닌다고 자랑처럼 이야기했다. 나도 나에 대해 조금 과장하고 각색을 해서 말해 주었다. 지금은 쉽게 이야기하고 있지만 그 당시 나는 얼마나 가슴이 뛰었는지 그 때 울렁거림은 40년이 지난 오늘날에도 이어지고 있는 느낌이다.

이렇게 우리 둘의 아름다운 사랑의 역사는 시작되었다. 요즘처럼 전화가 있던 시대가 아니라서 편지나 직접 만나 의사를 전달하는 방법 밖에 다른 방법이 없었다. 우리의 경우도 내 하숙방이 길가에 있으므로 옥선이가 오가다가 남몰래 창문을 두드리면 문을 열고 눈인사를 나누거나 만날 약속을 하는 것과 같은 비린내 나는 데이트를 하였다. 내가 옥선이 집을 찾아갈 수가 없기에 주로 옥선이가 지나다가 내게 들르는 경우가 많았다. 옥선이는 내게 의자에 깔고 앉아 공부하라고 손수 자수를 놓은 방석을 만들어 주었고, 꽃이 피는 봄이 오면 꽃을 한 아름 가져다주고 가기도 했다. 그러나 아쉽게도 나는 옥선이에게 사랑의 징표로 삼을 만한 어떤 물건도 선물하지 못했다. 휘영청 밝은 보름달밤에는 둘이 만나 달을 보며 사랑의 언약을 주고받기도 했다.

어느 여름날 오후 누가 내 방 창문을 두드렸다. 문을 열어보니 해맑은 미소를 지으며 옥선이가 서 있었다. 그러면서 쪽지편지를 주고 갔다. 쪽지를 펴보니 시내 중앙극장에서 상영되고 있던 '기적(miracle)'이라는 영화를 보러가자는 내용이었다. 약속된 날 나는 어렵게 두 명의 입장료를 마련하여 집 앞에서 옥선이를 만났다. 그랬더니 친구 하나를 더 데리고 온다는 것이었다. 딱 두 명의 입장료 그것도 하숙집 아주머니한테 겨우 빌려서 준비한 것인데 친구 한 명과 같이 온다니 자존심이 강한 내게는 정말 치욕적인 날이 되었다. 죽기보다 싫은 말이었지만 상황이 상황인지라 나는 옥선이 에게 솔직하게 두 명 분의 입장료밖에 없다고 했다. 그랬더니 옥선이는 아주 편안하게 신경 쓰지 말고 두 명 분만 사가지고 있으라고 했다. 그리고 우리는 극장으로 향했다. 학생이 극장가는 것도 문제지만 여학생과 같이 간다는 사실은 사건 중에 사건이었다. 그래서 하는 수 없이 나는 길의 우측으로, 옥선이와 친구는 길의 좌측으로 걸어갔다. 극장에 도착하여 표를 사서 극장 안으로 들어갔다. 극장안의 자리는 나란히 붙어 있었다. 친구는 예의가 있어서인지 나와 옥선이를 나란히 앉게 하고 자기는 옥선이 다음에 앉았다. 영화는 제목처럼 기적 같았다. 다 죽은 줄 알았던 남자가 살아나 사랑하는 여인과 포옹하는 장면을 끝으로 끝나는 영화였다. 영화를 보는 동안 몸을 움직일 때마다 가느다란 솜털에 스치는 짜릿한 느낌은 지금도 잊지 못할 환상이었다.

그 뒤로 우리는 한층 가까워져 가끔 몰래 데이트를 즐겼다. 그리고 밤새워 불 밝히고 공부를 했다. 두 방의 창문이 마주보고 있어 누가 언제 불을 끄는지 늘 확인할 수 있었기에 서로 누가 늦게까지 공부를 하는지 확인이 가능했다. 내 방은 거의 매일 밤새워 불이 켜져 있었는데 나는 옥선이가 더 열심히 공부하기를 바라는 마음에서 불을 켜 둔 채 잠에 들곤 했던 것이다. 이렇게 하나 둘 쌓인 정은 깊어만 갔다. 신선놀음에 도끼자루 썩는 줄 모른다고 2년이 정신없이 지나갔다.

고 3이 되었다. 대학진학을 위해 담임선생님과 면담을 한 결과 담임선생님 말씀이 내가 원하는 대학에 들어가기 위해서는 공부를 많이 해야 한다고 했다. 그 말을 들은 나는 정신이 들기 시작했다. 조금 놀기는 했어도 하면 된다는 자신감이 있었기에 크게 걱정은 하지 않았다. 고등학교에서 일등을 못하는 것이 아니라 안하는 것이라는 건방진 생각으로 내 자신을 합리화시키며 지내고 있었던 것이 사실이었다.

어쨌든 대학을 가기 위해서 공부는 해야겠는데 오래 손 놓다시피 한 공부를 다시 시작하자니 정리해야 할 것이 많았다. 그때 '3당 4락'이라는 말이 유행했다. 좋은 대학에 들어가기 위해서 하루 4시간 자면 떨어지고 3시간 자면 붙는다는 말이었다. 우리의 아름다운 미래를 위하여 어떤 모종의 조치를 취해야겠다는 생각이 들었다. 제일 큰 문제가 옥선이와의 관계였다. 그러나 우리 미래를 위하여 대학 입학할 때까지만 이별 아닌 이별을 하자고 마음먹었다. 다음 날 밤 우리는 다가산을 오르고 있었다. 며칠 동안 가슴에 묻고 있던 사랑의 대화를 나누며 즐겁게 데이트를 했다. 한 참을 걷던 나는 잠시 발걸음을 멈추고 옥선이를 바라보았다. 밤에 보는 그녀의 하얀 얼굴은 마치 하늘에서 내려온 선녀처럼 더욱 아름다웠다. 차마 입으로 하고 싶지는 않는 말이었지만 우리의 내일을 위하여 마음을 굳게 먹고 조심스럽게 입을 열었다. 옥선이 역시 나와 같은 생각으로 이해해 줄 것으로 믿었다. 떨리는 마음으로 간신히

"저 ~ 어 옥선이! 우리 대학진학을 위해 당분간 만나지 말고 서로 열심히 공부하자."

라고 기어가는 소리로 말을 꺼냈다. 천방지축 들떠 있던 옥선이는 이 말을 듣는 순간 망부석처럼 온 몸이 굳어 버렸다. 단 몇 초의 적막이 흐른 뒤 옥선이는 갑자기 울기 시작했다. 전혀 예기치 못한 황당한

결과에 나도 어쩔 바를 모르고 서 있을 뿐이었다. 고개를 숙이고 눈물을 흘리고 있던 옥선이가 무엇인가 결심한 듯 울음을 그치고 고개를 들었다. 그리고는 성난 목소리로 내게

"공부가 인생의 전부냐? 우리 사랑이 이 정도 뿐이었느냐"

며 다시 울기 시작했다. 그러더니

"알았다!"

는 말 한마디를 남기고 집으로 뛰어 가버렸다. 너무나 순식간에 일어난 일이라 나는 너무 당황했다. 내 딴엔 우리의 미래를 위해서 어려운 결단을 내린 것인데 옥선이가 그렇게 강경하게 나오리라고는 꿈에도 생각하지 못했다. 나는 사태를 수습하려고 대문 앞까지 뒤따라가며 붙잡았지만 옥선이는 뒤도 돌아보지 않고 이내 집으로 들어가 버렸다. 그 후로 우리는 두 번 다시 처음과 같은 다정함은 없었다. 애정영화의 마지막 장면 같은 첫 번째 이별이었다.

그 후로 나는 모진마음을 먹고 하숙집을 옮겼다. 열심히 공부한다고 어금니를 깨물었다. 한번 금간 장독 때운다고 옛 것이 아니듯이 사랑의 큐피트를 맞았던 사람의 가슴에는 이루지 못한 사랑의 한이 서려 얼어붙어 있었다. 날이 지나면 지날수록 딱 한번 만이라도 만나보면 살 것 같은 열병을 앓게 되었다. 한 번만 봐도 모든 것 잊고 열심히 공부할 수 있을 것 같았다. 그러나 한번 삐진 옥선이는 끝내 내게 마음을 열어 주지 않았다. 거짓말이라도 좋으니 사랑한다고 한 마디만 해달라고 편지도 보냈다. 그러나 대답이 없었다. 지금도 그 당시 옥선이가 내게 우리 대학에 가서 다시 만나자는 한마디만 해 주었어도 내 인생은 바뀌었을 것으로 생각하고 있다.

세월이 흘러 대학입학시험 날이 왔다. 서울로 올라가 시험을 치른 나는 첫해 보기 좋게 낙방을 했다. 가는 날이 장날이라고 시험을 앞둔 1월 21일 서울시내는 계엄령이 선포되어 어수선하기 그지없었다. 내용을 잘 모른 촌놈이 서울에 올라와 남산 구경하러 갔다가 농구화를 착용했다는 이유로 남대문 경찰서로 끌려가 신문을 받은 것이 서울에 온 첫 시련이었다. 북에서 내려온 김신조 일당이 농구화를 착용했다는 이유에서 신원확인이 필요했던 것 같았다. 후에 들은 이야기지만 옥선이도 서울에 있는 여대에 응시했다가 낙방을 했다고 들었다.

그 다음 해 나는 재수라는 생활을 했다. 절망과 버림받음으로 느끼는 처절한 생활이 나를 기다리고 있었다. 집안 사정이 여의치 못해 번듯한 학원에 다니지 못하고 작은 어머님 댁에서 공부를 했다. 공부가 아니라 수도였고 현실도피였다. 자살이 왜 필요하며 절망이 죽음보다 더 참기 어렵다는 사실을 깨닫게 되는 귀한 소득을 얻기도 했다. 일년 간의 방황의 끝은 역시 참담했다. 다시 시험에 낙방을 했다. 죽고 싶었고 죽기 위해 제1한강교로 나가 보았다. 순간 강물에 어머님의 얼굴이 어른거렸다. 어머님이 날더러

“이 못난 놈! 죽으려면 무엇을 못하겠느냐! 대학이 인생의 전부냐!”

하시는 것 같았다. 순간 나도 모르게 발길이 사는 쪽으로 향하고 있었다. 다시 1년 만 더 해보자며 독한 마음을 먹고 시작한 삼수는 오늘날 나에게 새로운 인생을 주었다. 입대영장을 받아들고 막다른 골목에 선 나는 죽기 살기로 주경야독 했다. 결과 원하는 대학은 아니었지만 K대 통계학과에 합격했다. 그 당시 통계학은 일반 사람들에게 잘 알려진 학문이 아니었다.

이런 우여곡절 끝에 대학에 입학하여 처음 교복을 입은 나는 그 감회가 남달랐다. 당시에는 교복을 입고 학교에 다니는 것이 유행이었다. 그 교복을 차마 버릴 수 없어 아직도 잘 보관하고 있다. 대학을 입학한 나는 입대를 해야 했다. 학교에 며칠 다녔으나 군대 간다는 생각에 공부에는 관심이 없고 대학생활에 대한 오리엔테이션과 교가 및 응원가를 배우는데 만 열심이었다.

대학에 입학하고 군 입대를 앞두고 나니 그동안 잊었던 옥선이 생각이 났다. 그 당시 옥선이도 재수를 하였으나 대학에 실패하고 대전에 있는 모 대학 영문과에 다닌다고 들었다. 군대 가기 전에 꼭 한번 보고 싶었다. 이런 생각을 하고 나니 옛날 못 다한 사랑의 미련이 열병처럼 되살아났다.

가야지! 무조건 대학으로 찾아가서 만나야지! 다짐을 하고 무작정 대전에 있는 대학으로 찾아 나섰다. 고속버스를 타고 대전에 도착하여 옥선이가 다니는 대학으로 찾아갔다. 오후 시간이었다. 교정에 들어서니 운동장에서 몇 명의 학생들이 흰색 체육복을 입고 운동을 하고 있었다. 옥선이가 다니는 학과 사무실로 찾아간 나는 조교로 보이는 사람에게 옥선이를 찾으러 왔다고 정중히 얘기를 했다. 얘기를 듣고 난 조교는 옥선이가 지금 체육시간이라 운동장에 있다고 알려 주었다. 그러면서 친절하게 학생을 시켜 옥선이에게 누가 찾아왔다는 연락까지 전해주었다. 이십 여분을 기다리고 있자하니 몇 년 동안 가슴에 품어왔던 옥선이가 해맑은 웃음을 지으며 매일 만나는 친구를 보는 것 같이 내게 다가 왔다. 순간 나는 몇 년 동안 내 안에 있던 그녀에 대한 생각과 감정이 뒤엉켜 백치가 되었다. 정신을 차리고 보니 그녀는 몇몇 친구들과 같이 와서 나를 친구들에게 소개까지 시켜주었다. 혹시 본체도 않고 냉대를 하면 어쩌나 하던 생각은 순간 기우가 되고 말았다. 한편 고맙기도 했지만 뭐가 뭔지 도통 알 수가 없었다. 어쩌면 이렇게 변한 것일까? 아무튼 마음은 구름처럼 하늘을 나는 기분이었다.

잠시 인사를 나누고 그녀는 나더러 조금만 기다리라고 했다. 조금 후에 그녀는 예쁜 옷으로 갈아입고 나타났다. 수업도 다 끝났으니 시내로 나가자고 했다. 학교가 변두리에 있기에 시내로 나가려면 버스를 타고 나가야 했다. 시내버스 정류장까지 걸어 나오며 보고 싶었다는 일상적인 이야기를 나누었다. 이내 버스가 왔고 시내로 나가는 많은 학생들과 함께 버스를 타고 대전의 중심부에 도착했다. 어딘지 잘 기억은 나지 않지만 한참을 거닐며 그동안 못다 한 사연들을 나눴다. 몇 년 아니 얼마나 기다리던 만남이었던가? 우리는 늘 살을 맞대고 사는 오누이처럼 재잘대며 걸었다. 꿈에도 그리던 데이트였다. 하고 싶은 말들이 너무도 많았는데 막상 만나고 나니 일상적인 이야기 외에는 나오질 않았다. 저녁 해가 서쪽으로 기울고 있었다. 헤어짐이 아쉬웠지만 시간은 번개처럼 지나가고 있었다. 해가 기울고 노을 진 시내의 거리는 집을 찾는 사람들과 사랑하는 연인들로 제법 붐비고 있었다. 우리도 그들의 틈에 끼어 네온불이 하나 둘 켜지는 거리를 함께 걸었다.

한참을 걷다가 그녀는 자기가 잘 아는 유명한 집에 가서 저녁을 사주겠다고 했다. 대전 역 앞에 있는 한밭식당이라고 하는 집이었다. 나도 언젠가 들었던 기억이 있었다. 역시 그 집에는 초저녁인데도 손님들이 많았다. 우리는 들어가서 자리를 잡았다. 그녀는 무엇인가를 주문하였다. 한참 후에 나온 식사는 설렁탕 같은 것이었는데 기억에 남는 것은 주먹만 한 깍두기가 일품이며 일미였다. 삼 년! 그것도 영영보지 못할 것 같던 사람과 이렇게 마주 앉아 다정하게 저녁을 먹고 있다는 것이 꿈이 아니길 바랄 뿐이었다. 그동안 마음의 상처는 순간 봄눈처럼 사라져 옛 추억의 흔적으로만 남게 되었다. 그리고 몇 시간 동안 못다 한 사랑의 대화를 나누었다. 밤은 점점 더 어두워가고만 있었다.

식사를 마치고 거리로 나온 우리는 성인이 되어 자유로운 데이트를 즐겼다. 걷다가 그녀가 머문 곳은 어떤 여관 앞이었다. 여관 앞에서 그녀가 들어가자는 것이었다. 나는 당황하면서 얼굴이 벌개짐을 느꼈다. 아니 이게 무슨 일이란가? 영화나 소설 속에서나 나올 사건이 내게 다가오는 것일까? 순간 해머로 두통수를 얻어맞는 기분이 들었다. 나를 바라보며 그녀는 입을 열었다. 이 여관이 자기가 대학입시를 치르러 와서 묵었던 집으로 주인아주머니가 너무나 좋다며 오늘 나더러 여기서 자고 가라고 했다. 한 순간 나의 엉뚱했던 생각으로 내 얼굴은 저녁노을처럼 붉게 물들었다. 그러면서 자기는 밤 9시까지 기숙사로 들어가야 한다고 했다. 시간을 어기면 기숙사에서 쫓겨난다는 것이었다. 그리고 내게 내일 아침 계룡산으로 함께 놀러 가자고 했다.

그녀 말대로 여관에 들어서니 상냥해 보이는 아줌마가 우리를 반겼다. 특히 주인아주머니는 그녀를 알아보고 인사까지 나누었다. 아주머니가 안내하는 방으로 들어가서 가지고 간 가방을 놓고 배웅하려 나왔다. 나오면서 그녀는 아주머니한테 이 사람 내일 아침 자기가 올 때까지 가지 못하게 붙잡아 두라고 부탁까지 했다. 야밤에 여자를 혼자 보내는 것은 예가 아니라는 것쯤은 알고 있는 터라 말리는 그녀를 데리고 학교로 가는 버스를 탔다. 약 30분 쯤 걸리는 거리였다. 가는 동안 그녀는 내일 아침 8시까지 여관으로 오겠노라고 했다.

학교기숙사 앞까지 바라다 주고 돌아오니 하루의 피로가 엄습했다. 대충 몸을 씻고 자리에 들어 누워 생각하니 마치 소설 속의 주인공 같은 기분이 들었다. 그리고 다음 날 둘만의 계룡산 여행에 들떠 뒤척이다 늦게 잠이 들었다.

깜빡했는데 일어나 보니 아침 9시였다. 8시까지 온다는 그녀는 아직 보이지 않았다. 지금 9시가 넘었는데 왜 오지 않을까? 문 앞에서 발자국 소리만 나도 그녀가 오는 줄 알았다. 그런데 10시가 되어도 그녀는 나타나지 않았다. 어제 저녁의 분위기로는 일찍이 와서 부산을 떨 시간이었는데 그녀가 오지 않으니 은근히 걱정이 되었다. 요즘처럼 개인용 전화기가 보급되어있는 시대도 아니고 전화걸기 마저 어려운 때라 걱정은 더해갔다. 혹 무슨 일이 일어난 것인가? 어제 밤 9시를 조금 넘었는데 금족령이 내려진 것인가? 순간 여러 생각이 내 머리를 들락거렸다.

11시가 다되어 그녀는 나타났다. 얼굴에는 근심이 가득해 보였다. 다섯 살 때부터 남의 집에서 살아온 나는 남의 눈치 보는 것 하나는 세계에서 두 번째 가라면 서운할 정도로 비범했다. 무슨 일인가하고 그녀의 입을 한참 바라보고 있는 내게 밖으로 나가자는 것이었다. 그러면서 계룡산 대신 다방에서 커피나 한 잔 마시자고 했다. 갈수록 가슴이 답답했다. 왜 갑자기 이렇게 마음이 상했을까? 몇 분 안 되는 시간이 하루처럼 길게 느껴졌다. 여관을 나와 근처에 있는 다방으로 들어갔다. 다방은 휴일 오전이라 손님이 별로 없었다. 창가에 자리를 잡은 우리는 커피와 우유를 시켰다. 말없이 한참을 앉아 창 너머 가는 구름을 바라보고 있던 그녀가 머리를 내 쪽으로 돌리며 이야기를 꺼냈다.

"해용씨! 미안해요. 밤새 생각해 봐도 우리는 함께 하기 힘들 것 같아요."

그러면서 두툼한 봉투 하나를 꺼내 내게 건네주며 집에 가면서 읽어 보라고 했다. 집에 가면서 읽어보라는 그녀의 당부에도 불구하고 나는 그 자리에서 열어 보았다. 십육 절지로 여덟 장이나 되는 장문의 편지가 들어있었다. 예감이 이상하여 한참을 읽고 있는 데 그녀는 나를 홀로 남겨둔 채 자리에서 일어나 가버렸다. 다 흘려버린 줄 알고 있던 눈물이 두 눈에서 쏟아지기 시작했다.

그녀의 편지 내용은 대충 이랬다. 사실 자기도 나를 좋아했다. 그러나 당신은 서울의 좋은 대학에 입학했으니 앞으로 서울에서 멋있는 여자를 많이 만날 수 있을 것이다. 그러니 자기를 잊으라는 것이었다. 좋게 해석하면 서울에서 자기보다 예쁜 사람 만나 잘 살라는 것이었다. 나는 내 마음을 꺼내 보여 줄 수도 없으니 답답할 뿐이었다. 그녀답지 않게 열등감에 사로잡힌 사람 같다는 생각도 들었다. 여자의 마음은 갈대와 같다더니 하루 밤사이에 그렇게 달라질 수 있을까? 둔한 내 머리로는 도저히 이해가 되지 않았다. 불과 몇 시간 전인, 어제 밤만 해도 그렇게 다정하고 상냥하게 대해 주었던 그녀가 이렇게 달라지다니 마치 정신 나간 사람같이 느껴지기도 했다.

나는 그녀가 말없이 다방을 나가는 데도 잘 가라는 인사도 하지 못했다. 몸은 장승처럼 굳어있었고 시선은 허공에 묶여 있었다. 넋 나간 사람처럼 한참을 멍하니 앉아 있다가 다방 밖으로 뛰어나와 문방구로 달려가 편지지를 구입했다. 나도 내 마음을 편지로 써서 그녀에게 전해줄 생각이었다. 다시 다방으로 들어온 나는 그녀와 처음 만났다 헤어져 지내온 약 6년 여 동안 내가 그녀에게 하고 싶었던 말들을 생각나는 대로 써내려갔다. 쉬지 않고 쓰고 나니 편지지 10장이 넘었다. 읽어보니 그동안에 내가 당신을 얼마나 그리워했는지, 내게는 당신밖에 없다는 등의 닭살 돋는 내용의 얘기들이었다. 그리고 만약 당신과 헤어지면 앞으로 모든 여인에 대하여 내가 못된 짓을 해도 다 당신 때문일 것이라는 반 협박 같은 얘기도 써 있었다. 편지를 대충 정리하고 직접 전하려고 학교 기숙사로 달려갔다. 그러나 그녀를 만나지 못했다. 결국 편지를 우체통에 넣고 비 맞은 장닭처럼 뒤돌아 왔다.

이런 일련의 사건을 뒤로 하고 나는 군에 입대했다. 군대에 입대한 후로도 여러 차례 편지를 보냈으나 끝내 그녀는 답이 없었다. 그녀가 너무도 그리워 근무지를 이탈했다가 일직사관한테 들켜 뒤지게 얻어맞고 일일 영창 구경도 해봤다. 세월이 약이라고 했던가? 나의 첫 사랑은 이렇게 끝이 났다. 비록 이루지 못한 사랑이었지만 젊은 날 잊지 못할 추억으로 남아 지금도 외로울 때 가끔 흰 웃음을 짓게 하니 첫사랑의 시련이 크긴 컸던 모양이다. 아직도 그녀가 그리울 때가 있다. 아직도 그리운 것은 그만큼 미련이 많았기 때문이리라 생각한다. 그녀가 내 여인이 되면 죽는 날까지 천사처럼 지키며 아껴주고 싶었는데…….

잘 생긴 손님

대학을 두 번 실패하고 나니 산다는 것이 사치스러웠다. 나는 순전히 타의에 의해 고등학교 다닐 때까지 공부 잘하는 아들이라고 동네방네 소문이 나있었다. 그런 아들이 대학 그것도 두 번 씩이나 낙방을 했으니 내 마음은 말할 것도 없지만 자식 잘못 둔 부모님 또한 얼굴들고 어디를 다니기 거북하셨던 것이 사실이었다. 낙방한 나는 시골집 구석진 작은 방에 틀어 박혀 죄수마냥 때가 되면 어머님이 넣어 주시는 밥만 축내고 있었다. 밥은 오직 목숨을 부지하기 위해 먹고 있었다. 죽음과 생의 기로에서 주사위를 하루에도 여러 번 던지며 지냈다.

하루하루가 답답하고 미칠 것 같았다. 괴로움을 이기기 위하여 궁리 끝에 거지 노릇 한번 해보기로 마음먹었다. 내가 인생에 실패하면 최후로 거지 노릇 하면서 목숨을 연명할 수도 있겠구나 하는 생각에 일찍 실습을 한번 해보고 싶었다. 거지는 자주 봐왔지만 실제로 거지

노릇을 하려고 하니 쉬운 것만도 아니었다. 방구석에 박혀 책과 씨름만 했기에 얼굴은 희멀건 하게 생겨 몰골이 진짜 거지와는 딴판 이었다. 그 외에도 가가호호를 방문하면서 동냥을 해야 하는데 그 말의 톤이나 행색을 어떻게 하는지 알 수가 없었다. 그리고 동냥을 할 그릇과 자루가 필요한데 그것부터 구하기가 쉽지 않았다. 고민 끝에 나름대로 분장도 하고 도구를 갖추어 동냥채비를 했다.

먼저 우리 마을의 고개 너머에 있는 이웃 마을로 향했다. 겨울의 끝자락인 2월이라 아직도 산에는 잔설이 많이 남아 있었다. 천한 놈에게 추위는 대수가 아니었다. 고개를 넘어서니 외딴 집 두 채가 있었다. 추운 겨울 농한기라 밖으로 나다니는 사람들이 거의 없었다.

첫 집은 나무를 엮어 만든 문이 비스듬히 반쯤 열려 누어있었다. 문을 열고 들어서니 할머니 한 분이 부엌으로 들어가고 있었다. 나는 기회라 생각하고 큰 소리로 "할머니 동냥 좀 주세요!" 하고 소리를 쳤다. 그러나 그 할머니는 부엌으로 그냥 들어가 버렸다. 사실 나는 그 때 죽을 힘을 다해 큰 소리로 동냥을 달라고 했으나 그 소리는 입 밖으로 나오는 소리가 아니라 내 입속에서만 웅얼거리는 절규의 소리였을 뿐이었다. 잠시 기다리니 할머니가 부엌 밖으로 나오셨다. 이번에는 아랫배에 힘을 주고 상당히 큰 소리로

"할머니 동냥 좀 주세요!"

라고 했다. 깜짝 놀라며 할머니가 나를 쳐다보셨다. 그리고 하시는 말씀이

"섣달 그믐날에 사지가 멀쩡한 사람이 무슨 동냥이데여."

하시며 투덜대시다가 방으로 들어가셨다. 조금 있다가 바가지를 들

고 나오시더니

"옜다 여기 있소."

하시며 동냥을 주셨다. 주시는 동냥을 받기 위해 둘러메고 간 자루를 벌리고 쏟아 붙는 곡식을 보니 쌀이 아니라 보리쌀이었다. 겨울철이라 동냥으로 쌀을 줄 것으로 생각하여 자루를 하나만 준비한 것이 잘못이었다. 주는 동냥을 거절 할 수 없어 하는 수 없이 받았다. 그런데 내가 집에서 나올 때 미리 동냥을 한 것으로 위장하기 위하여 자루에 쌀을 조금 넣어 왔기에 동냥자루에는 쌀과 보리쌀이 섞이고 말았다. 동냥의 처음 시도는 이렇게 시작되었다. 두 번째 집에 갔을 때는 첫 집 때보다는 여유롭게

"안녕하세요? 동냥 왔습니다."

하며 좀 여유를 찾았다. 동냥을 주러 나오신 분은 사십대쯤 보이는 아주머니셨다. 역시 첫 번째 집의 할머님과 똑같은 눈짓을 보내며 동냥을 주셨다. 동냥을 주시던 아주머니는 동냥을 주시다 말고

"손님이 시계도 찾네."

하시는 게 아닌가? 손님이란 말에 한참 어리둥절하던 나는 순간 손님이 나라는 것을 알아차리고는

"아 이거요? 고장 난 시계예요."

하며 순간을 모면했다. 아차! 하는 생각에 등골에 땀이 솟았다. 그 당시만 해도 시골에서 시계차고 다닌 사람이 흔하지 않았다. 두 집에서 예행연습을 제대로 마친 나는 조금은 여유를 찾아가며 자연스럽게 한 집 두 집 문전걸식을 하고 다녔다. 한 이십여 호를 돌아 다녔을까? 커다란 대문에 입춘대길(立春大吉)이라고 써 붙인 것으로 봐서 양반

가문 같았다. 대문을 밀치고 들어가니 황소 새끼만한 강아지가 나오며 짖어댄다. 개가 짖는 소리를 듣고 점잖게 생긴 중년한 분이 나왔다. 나는 연습은 이제 어느 정도 했으니 그 점잔은 아저씨를 향해

"동냥 왔습니다."

고 했다. 그 아저씨는 나를 범상치 않는 눈으로 아래위를 훑어보았다. 그러더니 젊은 사람이 뭐 할 짓이 없어 동냥을 하느냐고 하면서 주민등록증을 보자고 하셨다. 반공을 국시의 제 1 로 삼고 있던 터라 간첩신고를 해서 간첩을 잡게 되면 팔자를 고칠 수 있는 시대였다. 아저씨가 괘씸했지만 국가를 지키는 마음이 가상도 하다는 생각도 들었다. 보통사람이 아니다 라고 생각하며 주머니에서 주민등록증을 꺼내주었다. 주민등록증을 들여다본 그 아저씨는 주민등록증에 써있던 주소를 보시더니

"이 희두 선생님이 혹시 자네 부친이신가?"

하며 내게 물으셨다. 나는 그렇다고 말했다. 그랬더니 그 아저씨 정말이냐고 재차 물으시더니 이 선생님 자제분은 공부 잘 하는 학생으로 알고 있었는데 자네 같은 아들도 있었느냐고 하시며 우리 아버님을 측은하게 생각하시는 눈치였다. 그러고는 이내 누구를 부르더니 동냥 좀 주어 보내라 하시고는 총총 밖으로 나가셨다. 아저씨의 명령을 들은 젊은 아주머니는 작은 종재기에 쌀을 조금 담아 와서 내 자루에 부어주었다. 그 집을 나오면서 내가 그때 주민등록증을 소지 하지 않았으면 어떤 봉변을 당했을까 생각하니 겁이 덜컹 났다.

다음에 들른 집은 개울가에 있는 다 쓰러져 가는 초가집이었다. 오히려 동냥을 주고 싶은 집이었지만 집집마다 빠짐없이 동냥을 하는

것도 뜻이 있을 것 같아 빼지 않고 들렀다. 울도 담도 없는 집이었다. 마당에 들어서서 "동냥 왔습니다."하고 잠시 기다리고 서있는데 어떤 아주머니 한 분이 나오셔서 나를 보더니 다시 얼른 방으로 들어가 버렸다. 조금 있다가 십 칠 팔세로 보이던 젊은 처녀가 큰 바가지에 보리쌀을 가득 담아 가지고 나와서 내게 주었다. 참 못사는 사람들이 못사는 사람 심정을 더 잘 안다고 했던가? 내가 보태 주어도 시원치 않을 집에서 다른 집의 두서너 배의 동냥을 주었다. 고맙기는 했어도 이렇게 손이 크니 못살지 하는 생각을 하면서 뒤돌아 나왔다.

한참 동냥을 하다가 다다른 집에는 많은 사람들이 모여 잔치 같은 것을 벌이고 있었다. 점심시간이 지난 시간이라 배도 고파왔다. 문에 들어서 보니 동네 아줌마들이 다 모여 있는 것 같았다. 활짝 열린 대문을 들어서서 조금은 당돌할 정도로 큰소리로 "동냥 좀 주십시오." 라고 했다. 많은 사람들의 시선이 내게 와 꽂히는 것을 느끼며 서 있는데 주인집 아주머니로 보이는 마음씨 곱게 생기신 아주머니가 들어오라는 손짓을 했다. 들어가니 섣달 그믐날 동냥을 다니는 것을 보니 필시 무슨 사연이 있는 것 같다는 덕담을 하면서 추운데 부엌으로 들어와서 떡 좀 먹고 가라는 것이었다. 동냥아치에게도 이런 정을 주는 아낙들이 있구나 하는 생각을 하며 몸만 성하면 먹고 사는데 지장이 없겠다는 생존의 법칙을 확실히 배웠다. 부엌으로 따라 들어간 나는 아주머니가 주시는 어른 주먹만 한 인절미를 받아들고 맛있게 먹었다. 그 아주머니의 마음씨가 너무 고마워서 도와 드릴 일이 없느냐고 물었다. 그랬다니 이제 일이 다 끝나는 중이란다. 알고 보니 그 날이 음력 섣달 그믐날로 동네사람들이 모여 설빔으로 쓸 떡을 만들고 있

었다. 부엌에서 떡을 먹고 있는데 짓궂게 생긴 아주머니 한 분이 나를 보더니

"아이고! 잘 생긴 손님이네!"

하더니 갈 데 없으면 이 동네에서 눌러 살라고 했다. 예쁜 처녀도 많으니 색시하나 소개시켜 줄 테니 장가갈 의향이 있느냐고도 물었다. 동냥해서 돈 벌고 배고픈데 떡 얻어먹고 잘하면 장가까지 갈 판이었다. 이런 횡재가 어디 있을까? 한나절의 동냥이었지만 치열한 경쟁사회에서 살아남기 위해 성공해야 한다는 강박관념에서 자유로울 수 있었던 귀한 시간이었다.

겨울 해라 오후가 지나니 꼬리가 금방 길어졌다. 그 동네를 뒤로하고 아랫동네 몇 곳을 더 들러 동냥을 했다. 해가 서산에 걸릴 쯤에는 등에 메고 있던 자루의 무게가 걷기에 부담을 줄 정도가 되었다. 이렇게 동냥을 다 끝낸 나는 집을 향해 걸음을 재촉했다. 집 동네 어귀에 들어서니 아버님과 동네 어른 몇 분이 나를 근심어린 눈으로 바라보셨다. 어정쩡하게 머리를 숙이고 걸어가려고 하자 아버님께서 어디 다녀오느냐고 물으셨다. 나는 아무 말 없이 그냥 집을 향해 걸었다. 아버님과 동네 어른 몇 분도 나를 따랐다. 집에 도착하여 등에 메고 있던 자루를 마루에 내려놓았다. 그 날 나는 두 말 정도의 곡식을 동냥했다. 방으로 들어오니 아버님께서 그 자루를 방으로 들고 들어오시면서 어떤 뜻으로 동냥을 했느냐고 물으셨다. 나는 나름대로 오늘의 일에 대해 이야기를 했다. 그리고 이 동냥한 곡식은 앞으로 내가 성인이 되어 돈을 벌면 동냥을 준 사람들에게 열배 아니 백배로 늘려 보상할 것이라는 말도 잊지 않았다. 나중에 동생들이 내게 들려준 말

은 내가 동냥 나간 뒤에 집안이 발칵 뒤집혔다고 했다. 집안의 대들보로 여기던 큰 아들이 미쳐서 동냥을 나갔다니 순간이나마 부모님 마음이 얼마나 아팠을까 생각하니 지금도 불효했던 그날이 매우 죄송스럽다.

동냥을 마친 나는 마음을 다시 잡아 삼수를 하게 되었고, 노력 끝에 대학에 입학하게 되었다. 그 당시 동냥을 통해서 체득한 매우 값진 교훈을 얻었다.

하나는 '실망도 사치다.'

두 번째는 '이 세상엔 사람이 못할 일은 없다 다만 하지 않을 뿐이다.'

셋째는 '은혜는 입기는 쉬어도 갚기는 어렵다.'

이 세 가지는 오늘날 나의 생활신조가 되었다. 그 때 내게 동냥을 주셨던 분들께 아직도 빚을 갚지 못하고 있다. 아쉬운 대로 이렇게나마 그분들께 먼저 감사를 전하고 싶다.

월곡동 다락방

삼년 오 개월의 군 복무를 마치고 돌아왔다. 적지 않은 시간이 지났는데도 우리 집의 형편은 조금도 나아진 것이 없었다. 공직에서 물러난 아버님은 변변한 기술이나 능력이 없으셨으니 그럴 수밖에 없었다. 하늘이 무너져도 솟아날 구멍이 있다고 하지 않는가? 사지가 멀쩡한데 몸으로 때우지 하는 생각으로 쌀 두말 판 돈 이천 원 정도를 손에 쥐고 상경을 결심했다. 군에서 제대한 지 얼마 되지 않아서 몸에 군인정신이 배어있던 터라 무엇이든지 할 수 있다는 자신감이 넘쳐흘렀기 때문이었다.

논산훈련소에서 훈련을 받을 때 공사가 한창이던 호남고속도로가 완공되어 전주에서 고속버스를 타고 그 길을 이용하여 서울로 올라왔다. 동대문 고속버스 터미널에 내린 나는 순택이와 진관이가 살고 있는 장위동으로 찾아갔다. 순택이는 K 대학에 다녔고, 진관이는 J 대학에 다니고 있었다. 순택이는 초등학교 일 년 후배로 옛날부터 알고 지내던 사이였고, 진관이는 삼수할 때 고등학교 친구였던 경열이의 소개로 알게 되었다. 둘 다 연배는 나보다 한두 살 아래여서 나를 선배 겸 친구처럼 서로 스스럼없이 대하는 사이였다. 나는 이들과 군에 있을 때도 가끔 연락을 하고 지냈다. 나는 제대가 얼마 남지 않은 어느 날 이 친구들에게 서울에 가서 기거할 곳이 마땅치 않다는 이야기를 편지에 썼다. 그랬더니 기꺼이 자기들과 같이 지내자는 연락이 왔었다. 오랜 만에 순택이와 진관이를 만나 그들이 살고 있는 집으로 갔다.

그들이 살고 있는 곳은 큰 건물에 딸려 있는 도로 가의 방 하나가 전부였다. 그 건물의 주 용도는 공중목욕탕이었다. 그런 건물에 딸려 있는 방을 하나 전세 내어 둘이 자취를 하고 있었다. 밥은 해먹지 않고 건물 맞은 편에 있는 밥집에서 매식을 하고 있었다. 밥집은 우리 어머님처럼 생기신 분이 운영하고 있었다. 여러 정황으로 봐서 학생들이 기거하며 공부하기에는 환경이 좋지 않았으나 쥐뿔도 없는 내게는 그것도 감지덕지였다.

오랜만에 친구들 만나 회포를 풀고 나니 가지고 간 돈이 바닥이 났다. 밥 사먹을 돈도 없었다. 그런데 마침 밥집에서는 밥값을 후불로 받고 있었다. 한 달을 외상으로 먹고 후불로 밥값을 지불하면 되었다. 외상이면 소도 잡아먹는다고 했지 않던가? 친구들과 같이 할머님께 인사를 드리고 외상 밥을 먹기로 했다. 내일 일을 생각하면 머리가 터지는 것 같았다. 내일 일은 내일 생각하자는 생각으로 지내기로 했다. 누가 시켜서 시작한 것이 아니고 내가 선택한 일이니 고학을 해서라도 대학을 마치자는 생각뿐이었다.

대충 거처를 마련하고 대학을 찾아가 복학을 했다. 오래 만에 교정에 서보니 감개무량했다. 새 학기 수업을 시작한지 한 달 정도가 지난 4월 초에 대학에 복학했다. 대학에 복학해 보니 같이 공부하는 학생들이 셋째 동생뻘들이었다. 적게는 세살에서 많게는 일곱 살 차이가 났다. 삼수에 군복무를 마치고 대학에 돌아왔으니 그럴 만도 했다. 얼마나 원했던 대학생활인가? 나름대로 산전수전 다 겪은 늙은 학생 신분으로 열심히 해보려고 했다. 그러나 지난 삼년의 공백은 너무나 컸다. 어린 학생들과 경쟁하기에는 많은 노력이 필요했다. 대학생활은 고달프기는 해도 재미있었다.

문제는 학비였다. 없는 집에 제사 돌아오듯 돈 쓸 일은 자주 다가왔다. 수중에 돈은 떨어졌지, 갚아야 할 빚은 늘어가지, 죽느냐 사느냐가 문제가 아니라 먹느냐 굶느냐가 문제였다. 가장 어려운 것은 밥집에 외상이 너무 많이 깔려 밥을 먹으러 가기가 미안했다. 빈대도 낯짝이 있다는데 하물며 사람이 외상으로 몇 달을 살자니 밥집 아주머니 뵙기가 죽을 맛이었다. 당시는 아르바이트하는 것도 하늘에 별 따기만큼 어려웠다. 집에다 SOS를 쳐도 무소식이었다. 시골의 가족 생계도 어려운데 눈에 보이지 않는 나까지 신경 쓸 여지가 없었다. 차라리 때 되면 어김없이 밥이 나오는 군대생활이 그리워졌다. 친구들에게 사정을 말하기도 구차스러웠다. 이것저것 창피해서 한 끼 두 끼 굶다 보니 이틀 정도를 굶었다. 돈이 있어 다이어트를 하려고 굶었다면 영광일 것이나 먹고 싶은데 돈이 없어 굶는다고 생각하니 내 인생이지만 가련하기 그지없었다. 이틀을 굶고 나니 장발장의 심정을 백분 이해할 수 있었다. 배고픔을 참는다는 것은 죽기보다 더 힘들었다. 하도

배가 고프니 하늘이 노랗고 헛것이 보였다. 이런 귀한 경험을 하고 있을 때 고향에서 약간의 학비가 도착했다. 빚을 대충 정리하고 살기위해 적극적으로 아르바이트를 구했다. 그 결과 부족하지만 아쉬운 대로 살아갈 수 있었다.

세월이 흘러 일 년이 지났다. 순택이와 진관이가 군에 입대를 하고 살고 있던 집은 건물이 부도가 나 쫓겨나게 되었다. 집을 나온 나는 고등학교 친구였던 운재, 명수 그리고 종욱이를 만나게 되었다. 명수는 Y대, 종욱이는 K대, 운재는 고시를 준비 중이었다. 이들과 의기투합하여 고시를 준비하기로 하고 월계동 다락방을 사글세로 얻어 자취를 시작했다. 낮에는 학교에 나가 수업을 듣고 오후에는 아르바이트를 했다. 식사는 당번제로 했는데 한 번은 명수가 상추를 깨끗하게 씻겠다는 생각에 하이타이를 풀어 씻어 먹기도 했다. 저녁에는 다락방에 모여 밤새 책과 씨름을 했다. 때로는 K대에 다니는 창호와 S대에 다니는 종원이를 비롯한 친구들이 찾아와 인생을 논하며 밤을 지새우는 경우도 많았다. 어느 날은 이른 아침에 형사들이 들이 닥쳤다. 밤마다 젊은이들이 모여 떠드니 이웃에 사는 사람들이 신고를 했다고 했다. 친구들이 자주 찾아오는 바람에 한 때는 한 달에 80kg 짜리 쌀 한 가마를 삶아 먹은 적도 있었다.

대학 생활도 나름대로 순조로웠다. 내가 복학을 한 뒤에 같은 학번으로 군에 입대했던 필영이가 복학을 했고 준행이, 오룡이, 명종이 등이 뒤를 이었다. 과의 반 이상이 복학생으로 채워져 복학생이 주체세력이 되었다. 또한 공룡같은 대도시 서울에서 살아가는 방법도 어느 정도 터득하였다. 아르바이트도 잘한다는 소문이 나서 학생들이 끊이

지 않았다. 생활도 어느 정도 안정되었다. 마침 고향에서 중학교를 마친 막내 여동생이 고등학교 진학을 못하고 있었다. 어렵지만 동생을 서울로 올라오게 하여 고등학교에 입학시켰다. 이제 내 한 몸이 아니라 동생까지 책임져야 하는 가장이 되었다. 학교 공부고 뭐고 목구멍에 풀칠하는 것이 우선이었다. 보통 하루에 5시간 정도의 아르바이트를 했다.

이렇게 바쁘게 살다보니 대학교 삼학년이 되었다. 학교에서 학생들을 대상으로 신체검사가 있었다. 나는 신체검사 결과 재검을 받으라는 통보를 받았다. X-Ray를 다시 찍어 결핵 여부를 확인해야 한다는 것이었다. 재검 결과 오른쪽 폐에 결핵이 발견되었다. 청청 벽력같은 일이었다. 그런 병이 내게 걸리다니 순간 하늘이 노랗고 땅이 꺼지는 듯 했다. 담당의사 선생님께서는 당장 치료를 해야 한다면서 그날부터 SM(Streptomycin)주사를 놓아주었다. 그리고 파스라는 먹는 약도 주시면서 빠지지 말고 시간 맞추어 먹으라고 했다. 그렇지 않으면 죽는다고 겁을 주셨다. 겁이 아니라 사실이 그랬다. 많은 사람들이 결핵으로 죽어갔다. 당시 만해도 결핵은 거의 불치병으로 알려져 있었다. 젊음 하나 믿고 쉬지 않고 뛰다보니 건강은 돌 볼 겨를이 없었다. 올 것이 온 것이다. 객지에 나와 먹는 것은 부실하고 일은 많았으니 무쇠인들 배겨 냈을까? 이런 생각 저런 생각에 앞이 깜깜했다. 당장 학교를 다녀야 하는지 아니면 휴학을 해야 되는지가 가장 큰 문제였다. 의사선생님께 휴학을 해야 되는지 아니면 학교를 다녀도 되는지를 물었다. 의사선생님은 치료를 하면 결핵은 전염되지 않으므로 학교에 다녀도 된다고 했다. 그러면서 결핵은 소모성 병이므로 늘 잘 먹고 충분한 휴식을 취하며 살라고 했다. 그러나 짠 고등어에 김치가 고작인 식생활을 바꿀 수 있는 여력이 없었다. 그리고 결핵을 앓으면서 아르바이트를 계속해야 하는지도 문제였다. 아르바이트를 해야만 나와 동생이 학업을 계속할 수 있는데 산 너머 산이었다. 의사선생님께 인사를 하고 밖으로 나오니 술 취한 사람처럼 얼굴은 벌게지고 교정에 있던 사물들이 빙글빙글 돌았다. SM주사의 효과가 직방으로 나타나고 있었다. 당장 오후에 아르바이트를 해야 하는데 정신이 오락가락하니 걱정이었다. 그러나 약속한 시간이 되어 가르치던 학생 집으로 갔다. 고등학교 삼학년에 다니는 동익이라는 학생에게 수학을 가르치고 있었다. 동익이가 반갑게

"형 어서 오세요"

라며 맞아주었다. 수업을 시작하는데 말이 횡설 수설이었다. 얼굴은 벌개가지고 말이 횡설 수설이니 동익이가 나더러

"형! 술 마셨어요?"

라고 물었다. 나는

"응! 오늘 일이 있어서 한 잔 했더니 좀 취하네."

라고 했다. 동익이는 즉시

"형 ? 오늘 쉬어요."

하며 나를 위로했다.

"그럴까?"

한편으로 동익이가 고맙기도 했다.

아르바이트 몇 년 만에 처음으로 있는 휴강이었다. 동익이 어머님께는 오늘 몸이 좀 안 좋아서 다음에 해주기로 하겠다며 인사를 하고

집을 나왔다. 동익이 집을 나와 2km 쯤 떨어져 있는 월곡동 집으로 걸어오는데 눈물이 앞을 가렸다. 지나가는 사람들이 눈물을 흘리며 걷고 있는 내 모습을 보면서 의아한 눈초리를 보냈다. 동익이네 집이 있는 신 장위동과 내가 살고 있던 월곡동 집 사이에는 꽤 높은 바위로 된 산이 있었다. 그 산을 넘으면 직선거리였기에 힘은 들지만 걸어서 다녔다. 그날은 유달리 다리가 풀려 산이 높아보였다. 산 정상에 다다른 나는 잎이 무성한 아카시아나무 밑에 주저앉고 말았다. 그곳에서 나는 큰소리로 하나님! 어디 계시나이까? 열심히 살려고 노력하는 이 가엾은 자에게 왜 이런 시련을 주시나이까? 하나님 계시면 한번 나와 보세요? 대답해 보세요? '만만한 게 홍어 뭣' 이라고 하나님이 뭘 잘못했는지 모르지만 그날 밤 나한테 온갖 원망을 다 들어야 했다. 시간 가는 줄 모르고 신세타령을 하다 보니 자정이 넘었다. 그 당시에는 통금시간이 있던 때라 자정부터 새벽 4시까지는 시내를 돌아다닐 수 없었다. 돌아다니다 방범대원에게 들키면 즉결심판에 회부되어 벌금형을 받던 때였다. 덕분에 새벽 4시까지 조물주와 응답 없는 대화를 나눌 수 있었다. 지금도 그 당시 대화는 진행 중이다.

약을 신주단지처럼 여기며 치료를 한 결과 결핵은 완쾌되었다. 세월이 약이라고 4년의 세월은 어김없이 흘러 대학도 졸업하였다. 남들처럼 취업도 하여 월급을 받는 봉급쟁이가 되었다. 그리고 월곡동에서 고락을 같이했던 친구들은 나름대로 훌륭한 지도자로 성장하여 국익을 위해 오늘도 노력하고 있다. 또한 월곡동에서 만난 한 여인과 여보 당신하며 기적처럼 잘 살고 있다. 가끔 지난 월곡동의 연가를 부르면서…….

국진이 할머니

국진이 할머니는 1977년 여름에 쓸쓸히 돌아가셨다. 나는 그 때 대학을 졸업하고 KIST에 다니고 있었다. 국진이 할머니와 나의 인연은 내가 국진이네 집에 세를 들어 살면서 시작되었다. 국진이네 집은 허름한 한옥으로 KIST 후문에서 조금 떨어진 곳에 있었다. 나는 고등학교에 다니는 내 막내 여동생과 국진이네 집 문간방을 세 얻어 살고 있었다. 국진이네 집에는 할머니 한 분과 국진이 부모님 그리고 국진이 남동생 등 모두 다섯 식구가 살고 있었다. 국진이 어머니는 말수가 적고 얌전하며 몸이 좀 약해보였다. 그러나 말하는 것이나 행동으로 미뤄보아 교양이 있는 주부였다. 국진이 아버지는 40대 중반으로 기골이 장대하였다. 외모로는 한 가닥 하실 법해 보였으나 부천 근처에서 창고를 관리하는 일을 하고 있었다. 그리고 국진이와 국진이 동생은 초등학교에 다니고 있었다.

우리가 이사를 가서 국진이네 가족들과 인사를 하면서 자연스럽게 국진이 할머니를 알게 되었다. 국진이 할머니는 친할머니가 아니라 외할머니셨다. 몸은 깡말라 팔순이 다되어 보였는데 강단이 있어보였다. 그리고 비록 의복은 남루해 보였지만 어딘지 모르게 말과 행동에 숨어있는 품위가 있었다. 처음 만난 우리 남매를 보고 무엇을 하는 사람이며 이름과 고향 그리고 부모님과 형제관계 등을 검문하듯 물어보셨다. 그날부터 나는 마음속으로 국진이 할머니를 우리 할머니처럼 생각했고, 시간이 지나면서 국진이 할머니와 나는 친할머니와 손자처럼 가까워졌다.

대부분의 할머니들이 그렇듯이 국진이 할머니의 일과도 따님 하는 일마다 시비를 걸거나 남의 일에 참견하는 일이었다. 담배는 강남 아홉 대였다. 친구도 없어 늘 혼자서 노시거나 좁은 집을 거니는 것이 전부였다. 나는 가끔 월급을 받는 날이면 국진이 할머님께 담배를 사다드리거나 과자를 사다드리기도 했다. 작은 선물이지만 선물을 받으시면 국진이 할머님은 “간나 새끼 이런 건 뭐하러 사왔나” 하시면서 아주 좋아하셨다. 처음에 국진이 할머님이 “간나 새끼”라고 하시는 말씀이 듣기 거북했다. 그러나 이북에서는 친하고 사랑스러운 손아래 사람에게 쓰는 말로 ‘좋은 갓 난 아기처럼 예쁘다.’는 의미로 쓰이고 있다는 사실을 뒤에 알았다.

함께 살면서 국진이 할머니는 내게 당신의 과거 이야기를 자주 들려주었다. 어느 주말 오후였다. 저녁을 먹고 밖으로 나와 편안한 자세로 마루에 걸터앉아 있었다. 마침 국진이 할머님도 밖으로 나오시더니 나더러 식사했느냐고 물으시며 내 곁으로 다가오셨다. 하늘에 걸려있는 달을 보니 고향이야기가 저절로 흘러나왔다. 나는 우리 고향 이야기를 한참 신나게 했다. 내가 이야기를 마치자 기다렸다는 듯이 국진이 할머님이 자기 고향 이야기를 이어갔다.

고향은 함경도로 6·25사변 전에는 흥남에서 아주 잘 살고 있었다고 했다. 그런데 전쟁이 나서 딸 둘을 데리고 부산으로 피난을 왔다가 휴전이 되어 고향으로 돌아가지 못하고 서울로 올라와 살게 되었다고 했다. 할머니 아들은 6·25 당시 대통령을 가까이 모시던 높은 사람이었다고 했다. 피난 나올 때도 대통령이 헬기를 보내줘서 가족들이 헬리콥터를 타고 피난 왔다는 얘기도 했다. 이런 말을 하실 때는 신명이 나시는지 연신 담배를 빠셨다. 이야기를 하시다가 옛날 생각에 목이 메여 눈물도 보이시다가, 한숨도 내쉬다가 하며, 지칠 줄 모르고 이야기를 이어가셨다. 딸을 둘 데리고 피난을 왔는데 큰 딸은 부산에서 대학을 나와 결혼하여 지금은 강남에 부자로 잘 살고 있다고도 했다. 둘째 딸은 돈이 없어 고등학교만 졸업을 하고 지금의 국진이 아버지를 만나 살게 되었다는 이야기도 했다.

밤이 깊어가는 줄도 모르고 늦게까지 이야기는 이어졌다. 이야기를 듣는 나는 국진이 할머님의 파란 만장했던 인생 역정의 슬픔을 같이 하고 있었다. 현재는 사위집에 얹혀서 어렵게 노후를 보내고 있지만 과거에는 호의호식하고 살았었구나 하는 생각이 들어 더욱 안타까웠다. 이야기를 듣고 있던 나는 호기심에 강남에 살고 있는 부잣집 큰딸한테 가서 사시지 왜 어렵게 여기서 사시느냐고 물었다. 내 말을 듣고 있던 국진이 할머님은 다 꺼져가는 담배를 폐 속 깊이까지 빨아들이시더니 크게 한숨을 내쉬면서 말씀을 이어갔다.

“사실 내 이런 야기 무덤까지 갖고 가려고 했는데 이 존 간나한테 다하게 되는구먼”

하시면서 이야기를 시작했다.

큰딸은 부산에서 대학을 졸업하고 부잣집 아들한테 시집을 가서 잘 살고 있었다고 했다. 그러던 어느 날 딸네 집에 놀러간 국진이 할머니는 큰 딸과 다툼이 있었단다. 다툼을 벌이다가 화가 난 큰 딸이 국진이 할머니를 잡아 끌어내 집 밖으로 내 쫓았다고 했다. 그렇게 다투는 과정에서 큰딸이 방망이로 머리를 때려 머리에서 피가 흘러내렸고, 흘러내리는 피를 막기 위하여 손으로 머리를 감싸고 걷는데, 지나가던 행인이 “아주머니 왜 그렇게 피를 흘리느냐”고 묻기에 차마 딸년이 때려서 그렇다는 말을 못하고 넘어져서 다쳤다고 둘러댔다고 했다. 그 뒤로부터는 모녀지간의 정을 끊고 살고 있다는 말로 그 큰딸에 대한 이야기를 마쳤다. 그렇게 초여름 하룻밤을 보냈다.

그 뒤 며칠이 지난 저녁이었다. 밥을 먹고 쉬고 있는데 국진이 할머님이 문을 두드렸다. 나는 일어나며 “할머니 어서 오세요” 하고 인사를 건네며 자리를 권했다. 좀 시무룩한 표정으로 방에 들어오신 할머님은 내게 지난 밤에 했던 이야기를 녹음을 해줄 수 있느냐고 물었다. 그때 나는 영어 회화를 배우기 위하여 거금(?)을 주고 녹음기를 구입하여 가지고 있었다. 그것을 아시고 할머님이 내게 오셔서 하고 싶은 말을 녹음 좀 해달라고 부탁하신 것이다. 나는 물론 해 줄 수 있다고 말하고 녹음할 수 있게 준비했다. 그러고는

“할머님 시작하면 말씀하세요?”

했다. ‘시작’ 이라고 말하자 할머님은

"내 아들에게 꼭 전해줘야 해."

라는 부탁의 말씀을 했다. 그리고 이내 말씀을 이어갔다. 큰 딸년이 나를 개 패듯 패서 피를 흘렸다는 이야기와 그 동안 살면서 당한 서러움을 아들에게 일러바치는 내용이었다. 말씀을 다하시고 난 할머님은 내 손을 꼭 잡고 눈물을 흘리시며, 내가 죽어 없어도 통일이 되어 내 아들을 만나면 녹음된 내용을 아들에게 전해 달라며 내게 신신당부를 하셨다. 나는 꼭 그렇게 하겠노라고 지킬 가능성이 거의 없는 약속을 했다. 아들이 어디엔가 꼭 살아 있을 것을 굳게 믿고 계시는 할머님을 위로할 길은 그것 뿐이었다.

그 뒤 나는 국진이네 집에서 가까운 곳으로 이사를 했다. 이사를 한 뒤에는 갈 일도 없고 일도 바쁘고 해서 자주 들리지 못했다. 그러던 어느 날 밤늦게 자리에 들어 누우려고 하는데 주인집에서 전화가 왔으니 받아보라고 했다. 여동생이 달려가 전화를 받고 와서는 국진이 할머니가 돌아가셨다는 전화라고 했다. 국진이 아버지가 직장에 나가 그날이 야근이라며 아무도 없으니 내가 좀 와주었으면 좋겠다는 전화였다. 어쩔 수 없이 나는 옷을 주섬주섬 챙겨 입고 국진이네 집으로 달려갔다. 내가 국진이네 집에서 이사 나오고 얼마 안 있어 국진이네도 생활이 어려워져 집을 팔고 옛집에서 가까운 곳의 작은 집에 세 들어 살고 있었다. 집에 들어서니 초상을 알리는 등 하나 걸려있지 않고 조용하기만 했다. 방문을 열고 들어가니 방에는 국진이 어머니 혼자서 국진이 할머니 시신을 흰 천으로 덮어 놓고 울고 있었다. 깊은 밤에 시신 앞에 둘이 앉아 있자니 갑자기 머리끝이 쭈뼛했다. 국진이 엄마를 달래놓고 이 시간에 우리가 할 수 있는 일이 없으니 주무시고 날이 밝으면 지인들에게 연락을 하자고 했다.

하루 밤을 보내고 다음날 아침 나는 회사에 출근을 하여 윗분에게 사정을 얘기하고 조퇴를 했다. 조퇴를 한 즉시 국진이 집에 가보니 국진이 아버지와 성당에 계시는 몇 분이 오셔서 장례준비를 하고 있었다. 국진이 할머니와 국진이 엄마는 그동안 성당에 다녔다고 한다. 그 인연으로 성당 분들이 오셔서 그 어려운 일을 자기 일처럼 잘 준비해 주었다. 나도 그들과 함께 손이 필요하면 도움을 주었다. 피곤한 일이었지만 이게 다 국진이 할머니와 몇 개월 같이 지낸 업보로 생각하고 장례준비를 도왔다.

발인 날에도 회사를 쉬고 장지까지 따라갔다. 어렵게 살고 있던 터라 장지 장만이 어려웠었다. 이런 사정을 안 성당에서 장지를 내 주었다. 얼마나 고마운 일인가? 발인은 평상시에 다니시던 성당에서 미사를 올리고 난 뒤 경기도 의정부 근처에 있는 성당소유의 공원묘지로 향했다. 장지에 도착해보니 국진이 할머님의 묘소 자리는 조금 올라간 산 중턱 비탈진 곳이었다. 장지에 같이 간 사람이라야 가족하고 성당에서 오신 몇 분 그리고 나까지 10여명 정도였다. 대 여섯 명이 관을 들고 땀 흘리며 묘소로 올라갔다. 묘소에서는 3명의 인부가 일을 하고 있었다. 내가 이제껏 본 중에 가장 초라한 장례식이었다. 가능한 빨리 일을 끝내려고 인부를 독려하고 있었다. 관을 땅에 내려놓고 흙을 덮으려 하니 고인의 피붙이로는 단 한 사람인 국진이 어머니가 통곡을 하기 시작했다. 원래 몸이 약한 국진이 어머니는 울다 지쳐 쓰러지고 말았다. 겨우 달래 정신을 차리게 하고 마무리 정리를 하고 있는데 이번에는 멋쟁이 아주머니 한 분이 곱게 소복을 차려입고 흐느끼며 장지로 올라오고 있었다. 장지로 올라오자마자 대성통곡을 하며 어머니를 불러댔다. 분위기로 봐서 국진이 이모 같은 느낌이 들었다. 생전에 국진이 할머니가 내게 한 말이 떠올라 나는 그 여자에게

"그렇게 울려면 살아생전에 한번이라도 찾아뵙지 죽은 뒤에 무슨 염치로 왔느냐고 쏘아 붙였다."

친 가족도 아닌 내가 그때 국진이 이모에게 왜 그렇게 모질게 했는지 지금도 잘 모르겠다. 그렇게 국진이 할머니는 외롭고 초라하게 저세상으로 가셨다.

장례를 치르고 몇 개월이 지났다. 하루는 집에 있는데 국진이 엄마가 우리 집에 놀러왔다. 그러면서 말하기를 국진이 이모가 나를 초대해서 식사를 대접하고 싶다는 말을 전하고 돌아갔다. 약속한 날짜는 일요일 점심이었다. 가고 싶은 생각은 추호도 없었지만 국진이 할머니가 내게 남긴 유언도 있고 해서 도대체 어떻게 사는 사람인지 궁금하여 가기로 했다. 약속한 날 나는 국진이 어머니를 따라 강남에 있는 국진이 이모 댁으로 갔다. 어느 큰 대문 앞에 도착하여 초인종을 누르자 묘소에서 통곡을 했던 그 아주머니가 대문을 열어주며 반갑게 맞이했다. 그 때가 강남의 개발 바람이 막 일고 있던 터라 신흥 부자들이 자리를 잡던 시기였다. 계단을 몇 개 올라 집에 들어서니 널따란 정원에 잔디가 깔려있었고 잘 손질된 정원수가 수십 그루 심어져 자라고 있었다. 영화나 TV에서 봤던 호화 주택을 처음 구경하였다. 집은 3층으로 지어져 있었는데 내부는 더 화려했다. 거실에 들어서자 국진이 이모가 예쁜 딸을 소개시켜주었다. 딸의 이름을 말했는데 순간 정신이 없어 잊어버렸다. 국진이 이모 딸은 미모가 배우나 탈렌트

빰 칠정도로 예뻐 보였다. 딸을 소개한 국진이 이모는 식사를 준비하는 동안 둘이 이야기를 나누라고 하면서 국진이 어머니를 데리고 식당으로 들어갔다. 국진이 이모 따님 즉 국진이 이종사촌 누나는 내게 자기 방으로 가자고 하며 나를 안내했다. 그녀의 방은 넓은 화실로 그림이 여기저기 걸려 있었고 캠퍼스에는 그리다 만 그림이 얹혀 있었다. 한 눈에 미술학도라는 것을 알 수 있었다.

그녀의 방에 도착한 나는 권하는 의자에 자리를 잡았다. 조금 후에 그녀는 음료수를 들고 와서 마시라고 주었다. 이런 분위기에 익숙하지 못했던 나는 촌닭이 창경원 구경 온 기분이었다. 서로 음료수를 마시며 자연스럽게 대화가 이어졌다. 먼저 내가 미술을 전공하느냐고 물었다. 내 생각은 적중했다. J대학 미대 졸업반 이라고 했다. 얼굴도 예쁜데다 목소리도 상냥했다. 첫인상으로는 그녀의 외할머니로부터 들었던 그 어머니와는 딴판 같은 생각이 들었다. 그녀는 아버지는 모 대기업 건설회사의 간부로 중동 어느 나라에 가 계시며, 남동생이 하나 있는데 외출을 했다는 등의 애기를 해주었다. 그리고 그녀가 나에 대한 신상 파악에 들어갔다. 고향과 다니는 직장은 그리고 월급은 얼마나 받느냐고 물었다. 고향은 전주이고 직장은 KIST에 다니며 월급은 직장 초년생이라 15만원 정도를 받는다고 했다. 내 대답을 듣고 난 그녀는 월급 15만원가지고 먹고 살 수 있느냐고 물었다. 순간 나는 자존심이 상했지만 내색치 않고 내 봉급이면 대졸초임으로 그렇게 적지 않다고 말해 주었다. 그러면서 속으로 역시 생각이 나하고는 맞지 않는다는 강한 부정이 머리를 스쳤다. 이야기가 바닥나려는 즈음에 밑에서 식사준비가 다되었다며 내려오라는 전갈이 왔다.

식당에 들어서니 평생처음 받아본 진수성찬이 큰 식탁을 가득 메우고 있었다. 기왕 주는 음식이니 잘 먹자는 생각이 들었다. 배도 조금 고프던 차라 더욱 맛있게 먹었다. 식사를 하면서 나는 뼈있는 몇 마디를 하지 않을 수 없었다. 입속에서는

"어머니를 방망이로 때려 쫓아낸 딸은 이렇게 잘사는데 착한 동생은 왜 그렇게 못사는지 하나님도 공평치 못하다."

라고 하고 싶었다. 그러나 진수성찬을 얻어먹은 죄로 부드럽게 얘기를 했다.

"착한 사람이 꼭 잘 살라는 법은 없나 봐요? 착한 국진이 엄마는 어렵게 사는데 이모는 이렇게 잘 살고 있으니 말 이예요?"

이 말을 들은 국진이 이모가 나를 바라다보았다. 이렇게 국진이 이모 댁에서 진수성찬을 대접받은 나는 후식까지 얻어먹고 돌아왔다.

며칠이 지난 후에 국진이 어머니가 또 전화를 했다. 조카한테 전화도 하고 만나 데이트도 좀하지 왜 안하느냐는 것이었다. 조카가 전화를 기다리는데 내가 연락을 한 번도 하지 않는다는 내용이었다. 국진이 이모도 나를 좋아하고 있다는 말까지 전해 주었다. 나는 그런 것을 전혀 눈치 채지 못했다. 첫 대면에서 월급 15만원으로 어떻게 생활을 하냐고 하는 말에 나는 감당할 수 없는 부잣집 딸로만 생각했기에 관심이 없었다. 못 오를 나무 쳐다보지도 말랬다고 국진이 이모 딸에 대해서 내 배우자로는 전혀 생각이 없었다. 사실 뒤에 들은 이야기지만 국진이 어머니가 국진이 이모에게 입이 닳도록 나를 자랑했다고 한다. 사람이 너무 착하고 좋으며 능력도 뛰어나니 조카사위 삼으라고 언니에게 적극 추천을 했다고 한다.

그러나 인연은 그렇게 마음대로 되는 것이 아니었나 보다. 내 마음 먹기에 따라 미인 마누라 얻고 부잣집 사위되어 강남 부자동네에서 내노라 하며 살 수도 있었을 텐데 나는 그런 복을 차버렸으니 말이다. 이 글이 꼭 국진이 외삼촌에게 전달되어 국진이 할머니 소원이 이뤄지기를 바라는 마음 간절하다.

나의 첫 해외 나들이

지금이야 돈만 있으면 특수한 몇 개의 나라를 제외하고는 자유롭게 여행하는 세상이다. 그러나 1970년대 후반만 해도 1년 미만의 해외출장은 특별한 사유가 아니면 부부가 동행할 수 없었다. 나는 1978년 5월 28일 결혼을 하고 그해 12월 유럽의 자그만한 나라 벨기에로 연수를 떠났다. 떠나기 전에야 벨기에라는 나라는 중북부 유럽에 위치한 베네룩스 3개국 중에 하나이며 꽤 잘사는 나라이고 6·25때 우리나라를 돕기 위해 참전한 16개국 중 한나라라는 정도의 지식을 가지고 있었다.

그런데 연수를 떠난다고 하여 벨기에에 대한 역사와 지리를 백과사전을 통해 알아보았다. 1920년에는 제7회 하계 올림픽이 열린 나라이며 우리나라 남한의 절반 정도인 크기의 나라이고 불어와 독일어를 쓰고 있으나, 고유 언어인 더치어도 가지고 있었다. 우리나라와 시차는 약 7~8시간 정도로 우리나라 시간으로 낮 12시는 그곳 시간으로 이른 아침에 해당한 시간이라는 사실도 알았다. 여름은 밤 10시까지 훤해 운동이 가능하지만 겨울에는 반대로 오후 4시만 되면 어둡고 눈이 많이 내린다는 일기에 관한 것도 새로 알게 되었다.

그런 먼 나라로 연수 가기로 결정되어 결혼 전부터 교육을 받고 있었다. 내가 어려서부터 가장 해보고 싶었던 일 중에 하나가 비행기를 타고 하늘을 날아보는 것이었다. 그런 날이 다가오고 있었다. 12월 3일! 결혼의 단꿈도 잠시 접어두고 머나먼 이국으로 떠날 날이 다가 오고 있었다. 사랑하는 마누라를 홀로 그것도 결혼한 지 6개월 밖에 안 된 새색시를 놔두고 혼자 떠난 다는 것이 못내 아쉬웠지만 해외 연수를 일대 영광으로 생각하고 떠나야 했다. 지금 생각하면 아무 일도 아니지만 그 당시는 외국 여행이 매우 드문 때라 외국을 나가는 자체가 특권층만이 가능한 시기였다. 가슴 한 구석에는 흥분과 희망이 있었다. 반면 아무 의미도 없는 태평양 전쟁에 끌려갔던 병정처럼 마음의 한 구석에는 묘한 서운함이 있기도 했다. 출발 당일 평소보다 일찍 일어난 우리 부부는 잉꼬처럼 서로 부둥켜안고 이별의 아쉬움을 달랬다. 이윽고 아침식사를 하고 김포공항으로 출발하였다. 당시는 모든 비행기가 국내외를 막론하고 김포공항에서 출발하였다. 공항에는 영원히 이민을 떠나보내는 것처럼 양가의 가족들이 나와서 장도를 빌어 주었다.

출국 수속을 마치고 공항으로 들어가며 마지막 손 인사를 하였다. 돌아서는 발걸음은 무겁기만 했고, 기대와 설레임과 불안과 초조함이 함께 뒤섞여 마음에 진눈개비가 되어 내리고 있었다. 시간이 되어 일행은 비행장으로 나갔다. 비행기까지 타고 갈 버스가 대기하고 있었다. 비행장 안에 있는 버스는 시내에서 보던 버스와는 달리 문턱이 낮고 내부가 큰 처음 보는 버스였다. 그 버스를 타고 한참을 갔다. 타고 갈 비행기의 트랩 옆에 버스가 멈춰 섰다. 버스에서 내려서 차례대로 비행기 트랩을 올라 비행기 안으로 들어가게 되었다. 트랩에 오르니 예쁜 유니폼을 입은 인형처럼 귀엽게 생긴 스튜어디스들이 자리를 안내하고 있었다. 처음 타보는 비행기 안을 두리번거리면서 비행기 티켓에 적힌 좌석번호를 찾아 자리를 잡고 앉았다. 자리를 잡고 몇 분이 지나자 그 큰 비행기가 움직이기 시작했다. 드디어 비행기가 땅을 박차고 이륙하고 있었다. 몸이 공중에 붕 뜨는 느낌과 함께 순식간에 땅을 박차고 이륙한 비행기는 굉음소리를 내며 힘겹게 구름을 뚫고 날아오르고 있었다. 처음 경험하는 문명의 이기는 신기하다 못해 꿈을 꾸는 것 같은 착각을 하게 했다. 이렇게 이륙한 비행기는 한참을 죽을 힘을 다해 오르더니 평온을 되찾았다. 이윽고 안내 방송이 나왔다. 화장실을 가도 된다는 내용이었다. 승객들이 하나 둘 일어나 화장실을 다녀오거나 잡담을 하기 시작했다. 처음 타보는 비행기는 무섭기도 했지만 비행기 안은 하늘나라의 궁전처럼 평화롭고 아늑했다. 참아도 되는 소변을 일부러 보기 위해 화장실로 갔다. 하늘에서 소변을 본다고 생각하니 그 또한 신기했다.

남의 집에 팔려온 강아지처럼 한동안 어리둥절했던 기분이 차차 가라앉았다. 생소한 분위기 속에서 약 2시간 정도 지나니 일본 나리타 공항에 잠시 착륙한다는 방송이 나왔다. 그러면서 의자를 바로 하고 안전벨트를 착용하고 자리 이동을 하지 말라는 방송을 하였다. 비행기가 활주로에 내려앉기 위하여 기우뚱하다가 다시 균형 잡기를 몇 차례 하더니 덜커덩 거리는 소리와 함께 심한 소음을 내며 활주로에 미끄러지기 시작했다. 일본 땅에 착륙하는 순간이었다. 비행기 창으로 내다보이는 일본의 첫 인상은 깨끗하고 정리가 잘된 아름다운 나라 같이 보였다. 그 당시는 우리나라에서 유럽으로 직행하는 노선이 없어서 일본을 경유하여 유럽으로 가야 했다.

비행기를 갈아타기까지는 약 2시간의 여유가 있었다. 공항 밖으로 나갈 수는 없지만 공항 내에서 쇼핑을 할 수 있다고 했다. 그 당시 일제 전자 제품은 세계 모든 이들이 갖고자 하는 물건이었다. 특히 카메라는 그 중의 하나였다. 여행에서 남는 것은 사진뿐이라는 생각에 나는 카메라를 하나 사기로 하고 쇼핑센터로 나갔다. 외제를 사는 것이 국민감정으로 약간의 갈등이 있었으나 필요해서 사기로 했다. 주어진 짧은 시간에 품질이 좋다고 소문난 미놀타(Minolta)카메라를 한 대 사기 위해서 카메라를 파는 가게로 달려갔다. 가게에는 이미 카메라를 사려고 몇 십 명이 줄을 서고 있었다. 상점에 도착한 나는 짧은 영어로 이것저것을 물어보고 원하는 카메라를 집어 들었다. 생전 처음으로 외국에 나와 달러를 주고 물건을 사는 첫 행사는 이렇게 시작되었다. 몇 분을 기다리다 값을 지불하고 나서 산 사진기로 나리타 공황 주위를 찍으려고 했다. 들뜬 마음으로 필름을 넣고 아무리 샷터를 눌러봐도 아무반응이 없었다. 이상하여 옆에 있던 사람들의 카메라를 유심히 살펴보았다. 살펴보니 내가 산 카메라와 다른 모습이었다. 옆에 있던 사람에게 내 카메라가 이상하다며 보여 주었다. 카메라는 살펴 본 그 사람은 카메라를 보더니 곧 바로 렌즈가 없다고 한다. 비싼 돈을 주고 산 카메라가 가장 중요한 부품인 렌즈가 없다니 말이나 되는가? 그 말을 듣는 순간 가슴이 덜컹 내려앉았다. 우선 비행기 탑승시간이 다된 것 같아 불안했다. 그러나 순간 부리나케 상점으로 달려갔다. 여전히 많은 사람들이 계산대 앞에 북적대고 있었다. 다급한 나머지 실례를 무릅쓰고 계산대 앞으로 달려갔다. 그리고 말과 손짓 발짓을 해 가며 카메라를 샀는데 렌즈가 없다고 했다. 무슨 뜻인지를 이해 못한 종업원은 렌즈를 구입하라고 했다. 속이 터질 대로 터졌다. 나는 영수증을 보여주며 떠들어 댔다. 영수증을 본 종업원이 뭐라고 하더니 미안하다는 제스처를 보이며 내게 렌즈를 주었다. 탑승시간을 몇 분 남기지 않은 긴박한 시간에 벌어진 위기의 순간이었다. 이와 같은 해프닝을 겪고 구입한 그 카메라는 나의 재산목록 1호로 고장 없이 몇 년 동안 내 여행에 동반자가 되었다. 파리 에펠탑, 이태리 피사의 사탑, 원형경기장, 바티칸 교황청, 영국의 국회의사당 등 유럽의 명소는 물론 우리 집 대소사 사진을 모두 담당하는 큰일을 많이 하고 지금은 고물신세로 집안 어느 구석에 처박혀 있다.

겨우 시간에 맞춰 갈아 탄 비행기는 일본 나리타공항을 이륙하여 어두운 밤하늘을 뚫고 요술양탄자처럼 날아갔다. 자다 깨다 하며 태평양 상공을 나는 비행기 안에서 하룻밤을 새웠다. 얼마나 지났을까 어두컴컴한 여명을 뚫고 먼 곳에 붉은 해가 떠오르고 있었다. 안내방송이 나왔다. 잠시 후에 알라스카의 앵커리지 공항에 착륙하여 급유를 해야 한다는 방송이었다. 앵커리지는 북극에 가까운 곳으로 알고 있었던 나는 착륙하는 비행기 창으로 바라다 보이는 앵커리지 시내의 모습을 한 순간도 놓치지 않기 위해 열심히 두리번거렸다. 앵커리지 공항에 도착한 시간은 아마 그곳 시간으로 늦은 아침 쯤 이었다. 착륙

할 때 바라다 보이는 앵커리지 공항은 온통 하얀 눈으로 덮여 있었다. 근처의 산에 서 있는 나무는 내려앉은 눈의 무게를 못 이겨 힘겹게 서 있었다. 이처럼 공항에 착륙하여 쉬는 경우를 나리타공항에서 경험한 뒤라 조금 여유가 생겼다. 앵커리지공항은 나리타공항처럼 크고 화려하지 않은 조그만 한 공항이었다. 비행기를 나온 나는 조금은 여유로운 모습으로 쇼핑도 하고 눈으로 덮인 앵커리지 시내를 구경하였다. 이국의 색다른 모습에 신비감에 젖기도 했다. 이상한 것은 앵커리지가 미국 땅인 것으로 알고 있었는데 미국사람들보다 일본사람들이 더 많았다. 앵커리지 공항 가게가 거의 일본사람들이 경영하고 있었다. 가게에는 다양한 선물들이 있었는데 앵커리지의 동식물들의 인형과 엽서가 많이 있었다. 나는 가장 값이 싼 눈 덮인 앵커리지 산에 불곰이 그려져 있는 엽서를 한 장 사서 사랑하는 마누라에게 즉흥적으로 앵커리지의 풍경과 하루 동안 비행했던 경험을 적어 우체통에 넣었다.

다시 앵커리지 공항을 이륙한 비행기는 밤새 날아 김포공항을 이륙한 지 22시간이 지나 이른 새벽에 벨기에의 수도인 브루셀(Brussel) 공항에 도착하였다. 유럽도 겨울이라 지붕위에 간혹 흰 눈이 보였으나 땅에는 파란 잔디가 덮혀 있는 것이 신기하기도 하고 이색적인 느낌이었다. 영화나 책에서 보고 듣던 서양의 일면을 보는 순간이었다. 사람들이 코트 깃을 세우고 입김을 내뿜는 것으로 봐서 추워 보였다. 브루셀 공항을 나온 우리는 연수담당회사에서 보낸 버스를 타고 벨 전화(Bell Telephone Company)회사의 연구소가 있는 앤트워프(Antwerp)로 갔다. 22시간 동안의 비행으로 몸은 비록 지쳐 있었지만 한 순간도 눈을 붙일 수가 없었다. 공항에서 앤트워프까지 약 1시간 정도 소요되었다. 달리는 차창으로 보이는 벨기에 농촌의 풍경은 한 폭의 그림이었다.

잘 정돈 된 시가지, 넓게 닦여 있는 고속도로와 도로, 양쪽에 밝혀져 있는 수은가로등 등 모든 것이 내겐 신기하지 않을 수 없었다. 순간 우리나라는 왜 이렇게 못사는지 조상에 대한 원망과 위정자들에 대한 분노가 뇌리를 세차게 치고 지나갔다. 해외에 나가면 모두가 애국자가 된다더니 내가 순간 위대한 애국자 같은 생각이 들었다. 그동안 내로라하는 사람들이 국민의 세금을 써가며 이런 나라들을 시찰하고 배워 갔을 것이다. 이런 나라를 보고 돌아가 무었을 했기에 우리는 아직도 후진국을 벗어나지 못했나 하는 원망으로 울화가 치미는 것이었다. 순간 나는 마음속으로 다짐한 것이 있었다. 옳지 빨리 돈을 많이 벌어서 굶주리고 헐벗고 못사는 우리 고향에 이 나라 농촌처럼 멋진 집을 지어줘야겠다. 야무진 꿈을 꾸며 도착한 곳은 앤트워프에 있는 큰 음식점(레스토랑)이었다. 식당에 들어간 우리 일행은 평생 몇 번 먹어보지 못한 스테이크와 칩을 아침 겸 점심으로 맛있게 먹었다. 이렇게 하여 나의 첫 외국 나들이는 시작되었다.

식사를 마친 우리는 인솔자의 안내에 따라 어느 아파트, 지금 생각하면 원룸이 있는 빌딩으로 안내를 받아 2인 일조로 방을 배정 받았다. 그곳에 도착하니 우리보다 몇 개월 전에 와서 교육을 받고 있던 직장 동료들이 나와서 반갑게 맞이해 주었다. 나는 '뻐빠' 라는 별명을 가진 인기 짱인 유관홍과 같은 방을 쓰게 되었다. 그 친구는 나와 나이는 같은데 아직 결혼을 하지 않은 총각의 몸이었다. 그 후 그 친구와 형제처럼 잘 지냈으나 귀국할 즈음에 사소한 일로 다툼이 있어 소원하게 지내기도 하였다. 지금도 그 친구에게 그 당시의 다툼이 어리석었다고 고백하고 용서를 구하고 싶다. 이미 마음으로는 다 용서를 하고 용서를 구했지만 그 당시를 생각하면 아직도 가슴이 아프다.

매일 아침 연구소로 출근하여 대부분의 연구원들은 전자교환기에 대한 교육을 받았다. 나는 기술연구원이 아니라 프로젝트 매니지먼트(project management)의 자격으로 갔기에 같이 간 체신부의 두 과장과 매일 BTM(Bell Telephone Manufactory)회사의 이사나 사장단의 면담이나 견학 등으로 시간을 보냈다. 이렇게 열심히 몇 개월간의 교육은 지속되었다. 한 주의 교육이 끝나면 시험을 보았고 그 결과는 고스란히 본국의 직장에 통보되고 있었다. 이런 과정이 12월 3일부터 4월 말까지 지속되었다. 이제 어느 정도 도시의 지리도 익숙해졌다. 주말 저녁이면 연구원들 끼리 모여 우리 거처가 있던 근처의 팝(pop)에서 맥주잔을 나누며 외로움과 시름을 달래기도 했다.

유럽도 살기 좋다는 5월이 왔다. 마침 교육을 담당하던 BTM 연구소에서 프로젝트 매니지먼트교육을 강의 할 강사가 없다며 우리 3명을 스페인 마드리드에 있는 연구소로 위탁 교육을 보냈다. 위탁 교육을 받기 위한 모든 비용은 연구소에서 지불하는 조건이었다. 지금 생각하면 그런 대우는 대단한 대우였던 것으로 생각된다. 30대 초반의 어린 사람이 매니지먼트자격으로 교육을 갔으니 BTM에서는 내가 한국 정부에 큰 빽이 있는 사람으로 오해했음직도 하다. 마드리드에서 4주 교육 또한 BTM에서의 교육 못지않게 최고급 대우를 받았다. 세계적인 전자통신계의 유명한 까바예로 박사의 직접 교육과 대접을 받았으니 말이다.

마드리드는 모든 대학들이 한 곳에 모여 대학촌을 이루고 있었다. 우리는 식비를 아끼기 위해 대학촌에 있는 기숙사에 묵었다. 이 기숙사는 대만의 총통을 지낸 장개석이 양국의 우의를 표하는 의미에서 지어 준 건물이었다. 우리들은 대한민국에서 왔다는 이유만으로 그 기숙사에 싼 값으로 숙식을 하게 되었다. 당시 우리나라는 중국과는 국교가 없었지만 대만하고는 국교가 있었다. 대만과 우리나라는 우호가 깊은 관계에 있었다. 마드리드에서의 1개월은 스페인의 과거의 영광을 잠시나마 피부로 느낄 수 있는 기회였다. 스페인의 건축, 예술, 콜럼버스 같은 걸출한 위인, 플라밍고, 투우 그리고 집시의 문화 등등 독특하면서도 정감이 가는 그들만의 세계를 엿볼 수 있었다.

마드리드에서 머물렀던 네 번의 주말은 말 그대로 황금의 주말이었다. 주말을 이용해서 지중해에 있는 발렌치아, 세빌리아와 포르투갈의 리스본까지 여행을 했다. 여행하며 만났던 까만 눈동자와 금발을 가진 친절하면서도 예쁜 미녀들과 잠시 나눈 정담들은 아직도 가슴에 생생히 숨 쉬고 있다. 스페인 동부의 지중해 연안에 자리 잡은 발렌치아는 스페인에서는 유명한 해변 휴양도시였다. 마드리드에서 기차를 타고 10시간 가까이 달려 간 발렌치아는 지중해를 안고 있는 정말 아름다운 도시였다. 끝없이 펼쳐진 해변과 가을 하늘처럼 파란 지중해의 물결은 동해안의 명사십리와는 규모면에서 비교가 되지 않았다. 해변에는 풍만한 육체와 미모를 자랑하는 세계 각지에서 모여 든 청춘들이 백사장을 가득 메우고 있었다. 반나체로 썬텐을 즐기고 있는 쭉쭉 빵빵한 여인들의 육체를 감상하는 기분은 천국을 걷는 기분이었다.

두 번째 주말이었다. 혼자서 마드리드에서 출발하여 포르투갈의 수도인 리스본까지 10시간동안 기차를 타고 여행을 했다. 에콰돌에서 온 여인과의 기차 여행에서 나눈 사전을 통한 대화는 두고두고 웃음이 난다. 밤새 같은 칸에서 기차를 타고 여행을 하면서 서로 말이 통하지 않으니 그 답답함은 이루 말로 표현할 수 없었다. 바디 랭귀지로 뜻을 전하며 어이없어 서로 보고 웃다가 아닌 것 같으면 영어/에스파이냐 사전을 펴들고 번갈아 가면서 확인하고 깔깔대던 10시간의 여행은 외계인과의 여행 같았다. 아침에 리스본 역에 내린 우리는 이별을 위해서 서양식 인사로 볼과 입술을 부비 부비 하는 예식을 자연스럽게 하고 헤어졌다.

우리는 4주의 교육을 마치고 앤트워프로 돌아가는 길에 마드리드에서 바로셀로나를 지나 모나코를 경유하여 이태리 로마를 구경하기로 하였다. 물론 기차여행이었다. 지금 생각하면 여비만도 큰돈이 들었을 것이다. 그러나 다행스럽게도 그동안 나토 군인에 한해서 사용되던 유러레일 패스가 1979년부터 일반인들도 사용할 수 있게 되었던 것이다. 그 당시 가격으로 3개월짜리 유러레일 패스가 300불이 채 안되는 돈이었기에 나는 앤트워프의 역으로 달려가 3개월짜리 유러레일 패스를 구입하였다. 덕분에 마드리드에서 로마까지 교통비는 그것으로 모두 충당이 되었다. 유러레일 패스는 예약이나 다른 제약 조건이 없이 패스만 가지고 특급열차나 완행열차나 어느 등급에 관계없이 빈자리에 앉아 갈 수 있었다. 빈자리에 앉아 있으면 승무원이 와서 경례를 붙이고 앉아 있는 자리를 그대로 예약해서 목적지까지 갈 수 있게 해 주었다.

벨기에에는 나보다 먼저 와서 교육을 받던 연구원들이 있었고, 그들이 여행하며 쌓아 놓은 정보는 최고급이었다. 여행사가 없었던 때라 선임자들이 작성해 놓은 주도면밀한 계획과 유명지에 대한 정보는 아주 정확하고 유익했다. 아침 일찍 마드리드를 출발한 기차는 오후에 바로셀로나에 도착하였다. 계획으로는 바로셀로나 시내를 구경하고 가는 것으로 되어있었다. 그런데 바로셀로나에 도착하니 비가 억수같이 내려서 우리는 시내구경을 포기하고 아쉬움을 뒤로한 채 다음 목적지로 향했다. 스쳐 지나가는 고색 찬란한 바로셀로나의 시가지를 보니 안타까운 마음을 금할 길이 없었다.

기차는 바로셀로나를 떠난 지 수 시간이 지난 후에 프랑스 영토에 들어섰다. 5월 말 프랑스 남부의 모습은 짧은 글로 다 표현할 수 없을 만큼 아름다웠다. 기차는 마치 바다 한 가운데를 달리는 듯 착각이 들게 하였다. 드넓은 평야에는 이름 모를 노랑꽃들이 저마다 예쁘게 피어나 자태를 뽐내고 있었다. 바로 이 기차 길이 유명한 프랑스 남부 지중해 해안을 따라 건설된 세계적인 관광 코스라는 것을 그때 알았다.

하루 종일 아름다운 경치를 너무 보고 온 탓인지 눈이 피로하여 잠깐 잠이 들었다. 깨어보니 캄캄한 저녁인데 기차는 달밤에 출렁이는 지중해를 벗 삼아 잘도 달리고 있었다. 그렇게 몇 시간을 달리고 도착한 곳은 오락과 도박의 도시 모나코였다. 시계를 보니 자정을 조금 지난 시간이었다. 도착하자마자 시내로 나와 주린 배를 채우려 음식점을 찾았으나 음식점은 모두 문이 잠겼다. 오직 역 앞에 카페 하나가 문을 열고 있었다. 카페에 들어선 우리는 먹을 음식은 뭐가 있느냐고 물었다. 점원은 커피와 음료수만 파는 곳이라고 했다. 하는 수 없이 나는 좋아하지도 않는 커피를 한잔 주문하였다. 조금 후에 종업원이 주문한 커피를 가지고 왔다. 커피 잔이 조금 과장하여 우리 대접 정도의 크기였다. 아무튼 가져온 커피를 마시면서 종업원에게 잠잘 수 있는 호텔을 물어보니 마침 주말이고 여행 철이라 예약하지 않았으면 없을 것이란다. 그러면 어떻게 하느냐고 물었다. 그러니 그 종업원이 어려운 영어로 쉬면서 밤을 지낼 수 있는 유일한 곳이 있다고 한다. 하늘이 무너져도 솟아날 구멍이 있다고 하질 않던가? 그러면 그렇지 뭔가 있긴 있겠지 하는 생각을 하면서 종업원의 입을 바라보았다. 그는 걸어서 조금 가면 세계에서 유명한 몬테카를로 카지노(Monte Carlo Casino)가 있는데 그곳에 가면 시설이 너무 좋아 게임을 하면서 의자에 앉아 눈도 약간 붙일 수 있을 거란다.

카페를 나서며 돈을 지불하려고 1만 리라(그 당시 1만 리라는 우리 돈으로 8천원 정도였다.)짜리 이탈리아 돈을 지불하니 종업원이 돈이 진짜인지 가짜인지 확인을 해야 한다면서 그 돈을 가지고 위조지폐 감별기로 가지고 갔다. 갔다 온 종업원은 그 돈이 가짜라며 가지고 있는 돈을 다 확인해 보자고 했다. 내가 가지고 있던 이태리 돈 50장을 모두 확인하더니 20장 정도가 가짜 돈이라며 버리라고 했다. 여행하기 전에 먼저 여행을 다녀온 사람들로부터 이태리에 가면 사기꾼들이 많다는 말을 익히 들어 의심을 하긴 했으나 이태리 땅에 들어서기도 전인 모나코에서 이런 일을 당하니 어이가 없었다. 벨기에 은행이 설마 위폐를 주었을까 하는 의심이 들기까지 했다. 앤트워프를 출발하면서 정당한 절차를 밟아 은행에서 바꿔온 돈이 가짜라니 착한 마음에 의심이 생기기 시작했다. 돌아가서 확인해 보기로 마음먹고 그네들이 진짜 돈이라고 판명해준 돈으로 커피 값을 지불하고 나왔다.

카페를 나온 우리는 잠자리를 찾아 몇 군데 호텔과 모텔을 찾아가 물어 보았으나 모두 미안하단다. 멀리 보이는 모텔의 입간판에는 너나할 것 없이 occupied(빈방 없다는 표시 불빛)라는 불빛만이 우리를 맞았다. 배도 고프고 피곤도 하여 곧 쓰러질 지경이었다.

밤 2시에 그것도 아무 정보도 없이 저녁밥까지 굶고 잠자리를 찾아 헤매는 꼴이 마치 국제미아가 된 느낌이었다. 혼자였다면 얼마나 당황스럽고 어려웠을까. 불행 중 다행인 것은 혼자가 아니라 일행이 있다는 것이 큰 위안이 아닐 수 없었다. 모나코 역 앞 카페에서 나와 얼굴에 스치는 상큼한 지중해 바람을 맞으며 한 10여분을 걸으니 약간 오르막인 고개가 나왔다. 고개를 넘어서니 왼편에 어떤 영화에서 본 것 같은 널따란 광장에는 융단 같은 파란 잔디가 깔려있었다. 그림같이 아름답게 만들어진 정원에는 야자수 나무와 꽃들이 조명 속에서 모나코의 왕비 그레이스처럼 아름다운 자태를 뽐내며 졸고 있었다.

카지노 건물 문 앞에 도착한 우리 일행은 조심스럽게 카지노 건물로 들어갔다. 거대한 카지노 건물에 들어서니 깽 영화에서 나오는 총잡이들이 나타날 것 같은 기분이 들었다. 조금 겁도 났지만 한편 이런 세계적인 명소인 모나코의 유명 카지노에 들어 왔다는 것만으로도 큰 경험을 하는 느낌이 들었다. 밤이 너무 깊은 탓인지 카지노 건물 밖에는 사람들은 보이지 않았다. 건물 입구에 들어서니 독일병정 같은 제복에 무슨 훈장 같은 액세서리로 장식된 제복을 입은 안내원이 서 있었다. 누가 봐도 초라해 보이는 우리 일행이 다가가자 어찌 왔느냐고 물었다. 같이 간 일행 중에 영어 실력이 제일 좋은 김 과장이 다가가 카지노에서 빠찡꼬를 좀 하려고 왔다고 했다. 말을 듣고 있던 안내원은 입장하기 위해서는 정장을 해야 한다고 했다. 여행가방 메고 다니는 사람들이 정장이 있을 리 만무하지 않은가. 그런데 관용여권을 소지한 사람은 정장을 하지 않아도 가능하다고 했다. 일행 세 명중에 두 명은 공무원이었고, 나만 연구원이었으므로 문제는 내가 문제였다. 김 과장은 안내원과 한참 이야기를 주고받은 뒤 돌아와 모두 입장할 수 있게 되었다며 활짝 웃었다. 나도 공무원과 같이 온 여행객이므로 입장을 허락했다고 했다. 공무원은 세계적으로 신분이 보장되어 있구나 하는 생각을 하면서 카지노 안으로 들어갔다. 물론 카지노에는 구질구질한 가방을 가지고 들어갈 수 없다고 해서 보관 장소에 가방을 보관하였다.

안으로 들어가니 장충체육관 같이 널따란 공간이 있고 중앙에는 이삼십 명 쯤 되는 무리들이 둘러서서 진지하고도 엄숙하게 뭔가를 열심히 하고 있었다. 그리고 우리가 여행지나 영화 속에서 많이 보았던 슬롯머신 기계가 벽을 향해 죽 늘어서 있었다. 생각보다 많은 사람이 있진 않았으나 기계소리가 요란했다. 우리 일행은 이곳저곳 기웃거리며 구경을 하다가 우리가 이곳에 온 목적을 달성하기 위하여 돈이 제일 적게 들 것 같으면서도 익숙한 빠찡고 기계 앞에 자리를 잡았다. 처음에는 백 프랑만 잃어 주기로 하고 백 프랑을 코인으로 바꾸었다. 우리 목적은 잠시 눈을 붙이는 것이었으므로 돈을 빨리 잃고 여기저기 놓여있는 테이블이나 기계에 앉아 눈을 붙이기로 했다. 그러나 일 프랑씩 기계의 투입구에 넣고 비몽사몽간에 바를 당기면서 가능하면 천천히 게임을 했다. 그런데 갑자기 따르릉 소리가 요란하게 울리기 시작했다. 깜짝 놀라 정신을 차리고 보니 내 기계에서 소리가 나고 기계 밑에 홈에는 코인이 수북에 쌓이고 있었다. 여기저기에서 게임을 하던 사람들이 다가와서 구경을 하고는 뭐라고 이야기를 하고 갔다. 약 2~3분을 울리던 종소리가 멎었다. 코인 약 1,000개 정도가 쌓였다. 약 1,000배의 대박이 난 것이다. 나중에 안 일이지만 사람들이 와서 보고 가면서 안타까워했던 것은 베팅하는 돈을 10프랑만 했어도 1만 프랑을 벌 수 있는 기회를 놓였다는 아쉬움이었다. 그러나 갬블이란 계속하면 잃게 되어있는 것이 속성이다. 그래서 따면 일어서라는 갬블의 속어가 있는 것 같다. 그날 밤 같이 간 일행들에게 몇 푼씩 개평도 주고 욕심을 내서 단위를 높여 바를 댕기다보니 1,000프랑이 순식간에 도로 땡이 되었다. 결국 눈 붙이러 갔다가 게임만 하고 나온 잊지 못할 추억의 밤이 되고 말았다.

새벽 6시쯤 카지노를 나온 우리는 시내로 내려와 요깃거리를 찾아다녔다. 아침 해는 지중해 위로 찬란히 떠오르는데 가게는 아직도 굳게 닫혀 있었다. 너무 지치고 굶주린 상태라 나는 길거리에 있는 버스 승강장의 부스에 있는 의자에 드러누웠다. 한참동안 눈을 붙이고 있었는데 누군가가 깨우는 소리가 났다. 눈을 떠보니 길거리를 청소하는 아저씨가 청소를 해야 한다고 나를 깨웠다. 그런데 웬일인지 도저히 일어날 수가 없었다. 몸이 말을 듣지 않았다. 지치고 굶주린 탓에 기함을 한 것이다. 한참을 누었다가 정신을 차려보니 일행 중 한 분이 날계란과 우유를 사가지고 왔다. 살아야겠다는 일념에 주는 것을 마다하지 않고 먹고 나니 조금 살 것 같았다. 일행은 날계란과 우유로 아침식사를 때우고 모나코왕국의 관광에 나섰다. 먼저 모나코왕비 그레이스가 살고 있다는 궁으로 갔다.

궁은 모나코 기차역을 중심으로 지난밤을 보냈던 카지노와는 반대편에 있었다. 왕궁으로 오르면서 지난밤에 걸었던 길을 볼 수 있었다. 그리고 카지노와 왕궁 사이에는 방파제로 둘러 싸 놓은 아담한 항구가 있었다. 항구에는 작지만 깨끗한 해수욕장이 있었다. 해수욕장에는 점프대가 있어 다이빙도 가능하게 되어있었다. 바다에는 호화로운 보트들이 주인을 기다리며 옹기종기 모여 다정히 흔들리는 물결에 기우뚱거리고 있었다. 궁으로 오르는 길은 상당히 가파르다는 생각이 들 정도였다. 궁에 도착하니 너무도 조용하여 개인 집으로 오해할 정도였다. 일국의 왕이 살고 있다고 느끼기에는 너무나 조용하고 검소해 보였다.

궁궐이 있는 곳에서 내려다보이는 지중해의 절경은 가히 일품이었다. 궁궐은 지중해와 닿아 있었다. 단지 바다와 궁궐 사이에는 가파른 절벽이 놓여있었다. 궁궐은 천혜의 요새 위에 견고히 지어져 있었고, 궁궐 아래의 절벽에는 많은 선인장들이 아름다운 꽃을 피워 이색적인 경치를 보여주고 있었다. 지친 몸을 이끌고 나름대로의 여행을 마치니 몸도 어느 정도 나아지고 있었다. 이렇게 1박 2일의 모나코의 여행은 악몽 속에서도 신비로웠다.

우리 일행은 모나코 여행을 마치고 간단하게 식사를 했다. 그리고 오후 들어 모나코 역으로 나가 이태리 행 열차에 몸을 실었다. 말로만 듣던 이태리로 여행을 간다고 생각하니 꿈인지 생시인지 분간이 가질 않았다. 혼자 일행 몰래 살을 꼬집어도 봤으나 분명 꿈이 아닌 현실이었다. 로마에서 2박을 하면서 교황청과 시저의 무덤, 원형경기장, 기독교인들이 박해를 받아 숨어 지냈다는 20km가 넘는다는 카타콤베

(Catacombs) 등을 보기로 했다. 그리고 2일을 잡아 세계 3대 미항 중의 하나로 잘 알려진 나폴리를 거쳐 화산으로 폐허가 되어버린 폼페이, 유명한 가곡 '돌아오라 소렌토로'에 나오는 소렌토, 그리고 그레고리 팩과 오드리 햅번이 주연한 세계적인 명화 '로마의 휴일' 촬영장소였던 카프리섬을 구경하기로 했다.

이런 생각 저런 생각을 하면서 칠흙같은 밤을 달리는 기차 속에서 보냈다. 기차의 왼쪽차창에는 이태리 농촌의 풍경이 오른쪽에는 지중해의 물결이 밤하늘의 희미한 빛을 받아 일렁이고 있었다. 몇 시간만 지나면 귀가 닳도록 들어왔던 로마에 도착한다고 생각하니 졸리던 눈이 밤하늘의 별빛처럼 초롱거림을 느낄 수 있었다. 그러면서 언제 피곤했냐는 듯 콧노래가 저절로 나왔다. 오! 솔레미오, 돌아오라 소렌토로, 싼타루치야 등 그동안 학창시절에 배웠던 노래와 로마에 얽힌 수많은 역사들이 지하에서 샘물 솟듯 쏟아져 나왔다. 교황이 살고 있다는 가장 작은 나라 중에 하나인 교황청, 벤허라는 영화를 통해서 보았던 원형경기장, 시저의 무덤이 있다는 포로로마노신전, 수많은 신전들, 오드리 햅번과 그레고리 팩이 데이트하며 아이스크림을 먹던 스페인광장, 그리스 교도들이 박해를 피해 피난했다던 땅굴 등등을 생각하며 비몽사몽으로 밤을 새웠다.

그리고 다음날 아침 일찍 여기는 로마라는 안내방송을 들으며 로마역에 도착했다. 세계적인 도시 로마는 우리 일행을 맑고 따뜻한 날씨로 맞아 주었다. 로마역에 도착한 우리는 사전에 연락을 취해 두었던 로마에 있는 '한이음식점'에 전화를 했다. 조금 기다리니 사장님이 봉고차를 갖고 마중을 나왔다. 그 때만 해도 로마에는 교민이 거의 없었고, 있다고 해도 교황청에 공부하러 온 신부님들이 대부분이었다고 했다. 1970년대만 해도 해외여행이 자유화되지 않아서 외국에서 한국 사람을 만나면 친 형제를 만난 것 같이 기쁘고 반가웠다. 누가 먼저랄 것도 없이 통성명에 출신학교, 고향 등을 서로 묻고 금세 친해졌다. 음식점 사장님은 그 당시 우리 또래로 한국에서 대학을 졸업하고 이태리어를 배우려 유학 왔다가, 뜻한 바가 있어 음식점을 내고 이따금씩 찾아오는 한국 사람들에게 한국 음식을 팔거나 여행 안내를 하고 있다고 했다. 이런 저런 이야기를 나누며 도착한 '한이음식점'은 로마교황청에서 그리 멀지 않는 곳에 자리 잡고 있었다. 건물은 5층 정도의 건물로 그중 2개 층 정도를 세내어 장사를 하고 있었다. 사장은 '한이음식점'이라는 이름은 한국과 이태리에서 첫 글자를 따서 만든 것이라고 설명해 주었다. 오랜 만에 한국인이 운영하는 음식점에서 고국 같은 푸근함을 맛보며 아침 겸 점심을 먹었다. 몇 개월 만에 맛보는 김치는 비록 한국 수준의 김치는 아니었지만, 내가 이 세상에서 먹어 본 김치 중에서 가장 맛있었던 김치로 기억에 남아 있다.

식사를 마친 우리 일행은 사장님의 안내로 말로만 들어오던 로마교황청으로 향했다. 교황청 건물은 웅장하고 장엄해 보였다. 몇 백 개의 돌기둥과 건물의 꼭대기의 돔은 건물의 백미였다. 교황청 광장에서 교황청에 대한 이런 저런 이야기를 하고 난 사장님은 우리를 돌기둥과 기둥 사이에 나지막하게 처져있는 쇠사슬 앞으로 안내한 다음 그 쇠사슬을 넘어서 들어오라고 했다. 우리 일행은 선생님을 따라 소풍 나온 학생마냥 시키는 대로 따라했다. 그 쇠사슬을 넘어 안쪽으로 들어서니 사장님은 우리더러 바로 국경을 넘어왔다고 했다. 그 쇠사

슬이 이태리와 교황청을 구분하는 국경선이었다.

교황청 내부에 들어간 우리는 그 웅장함과 역사 앞에 주눅이 들 수 밖에 없었다. 이 건물이 그 유명한 미켈란젤로의 작품이라니 우선 황홀했다. 그리고 그 건물 안에 놓여있는 예수님의 상이나 어린 예수를 안고 있는 마리아상 등 작품의 엄청난 크기에 넋이 나갈 지경이었다. 일 층을 둘러보고 돔이 있는 곳으로 올라갔다. 돔으로 올라가기 위해서는 걸어서 갈 수도 있고, 엘리베이터를 타고 갈 수도 있었다. 단지 엘리베이터를 타면 돈을 받고 걸어 올라가는 사람은 무료였다. 입장료를 받지 않는 것은 예수님의 가르침대로 모든 사람들이 귀하기 때문이란다.

돔에 올라가서 보니 직경이 40m쯤 되어 보이는 돔의 내부는 대리석 조각으로 모자이크되어 있었다. 안내원이 우리 일행에게 여기 서서 귀를 대고 있으라고 하고는 반대쪽으로 가서 조그만 소리로 우리를 불렀다. 그런데 그 소리가 들렸다. 이것이 바로 로마의 과학이었다고 했다. 마이크 시설이 없던 시대에 그 큰 성당에 많은 사람을 모아놓고 설교를 하기 위해서는 그러한 과학이 없으면 불가능했다는 이야기다. 다시 한 번 고개가 절로 숙여지는 대목이었다. 돔의 밖으로 나가보니 로마교황청 경내와 로마시내가 한 눈에 들어왔다. 교황청 바로 앞에 흐르는 로마의 젖줄 테베레 강을 따라 지어진 로마시대의 유적지 그리고 멀리 보이는 신도시들이 로마의 과거와 현재를 잘 대변하고 있었다.

교황청을 구경하고 난 우리는 시저의 무덤이 있다는 포로로마노신전으로 갔다. 역사에 나타난 화려함은 간 데 없고 폐허처럼 되어버린

신전에는 파괴되고 남은 돌기둥과 건물의 주춧돌 그리고 그 흔적들이 있었다. 시저의 무덤이라고 가르쳐 주는 곳은 우리나라의 옛날 움집 같은 곳에 몇 개의 돌로 지어져 있어 영웅 줄리어스 시저의 위용과 영광은 찾아 볼 수 없었다.

그 곳을 나온 우리는 영화 '벤허' 에 나오던 '원형경기장' 으로 향했다. '원형경기장' 은 한때 전 세계를 호령하던 로마의 망령들이 궁상을 떨고 있는 것 같은 모습으로 우리일행을 반겼다. 인생이 무상하다고 했던가? 로마의 무상함을 느끼며 '진실의 입' 이라는 곳으로 갔다. 죄가 있는 사람은 진실의 입에 손을 넣으면 손이 잘린다는 전설이 있다고 했다. 그 말을 믿는 사람은 없겠지만 손을 '진실의 입' 에 집어넣는 순간 혹시나 하는 생각에 마음이 움찔하였다.

오후에는 시내를 돌았다. 걸어서 먼저 도착한 곳은 '트레비 분수' 였다. 트레비분수는 보기에도 얼마나 많은 세월 동안 그 곳에서 세계의 여행객을 보아왔는가를 느끼게 했다. 용인지 뱀인지 사람인지 말인지 서로 얽키고 설킨 조각들 사이에서 천 년을 흐른 것 같은 물줄기 그리고 그 분수에서 흘러나와 넘실대는 물에 발을 담그고 사랑하는 여인들과 얘기를 나누는 여행객들, 소원을 빌며 분수 밑 물속에 동전을 던지는 사람들로 붐비고 있었다. 나도 그들의 대열에 끼어 똑같은 예식에 참여했다.

동전을 던지면서 비는 소원이 세 가지가 있었던 것으로 기억된다. 동전 하나를 던지면 다시 로마를 구경하게 된다는 것이었고, 동전 두 개를 던지면 연인을 만나게 된다는 것이었고, 마지막으로 세 개를 던지면 사랑하는 연인과 이별을 하게 된다는 것이었다. 나는 다시 한 번

로마에 올 수 있게 해달라는 소원을 담아 100리라짜리 동전을 던졌다. 그 동전의 힘으로 소원이 이뤄진 것인지는 모르나 그 후 다시 로마를 방문하게 되었다. 분수를 지나 스페인 광장을 돌아보며 로마의 번화가인 콘도티(Condotti)거리를 구경하였다. 그 곳엔 세계적인 명품을 파는 상점이 즐비하게 늘어서 있었다. 특히 눈에 띄는 이름은 루이비똥, 입센로란 같은 가계들이 로마의 영광을 재현하는 느낌을 주었다. 그리고 그 거리에는 200년이 넘은 그레고 카페(Grego Caffe)라는 유명한 커피숍이 있었다. 괴테와 스탕달이 다녀갔다 해서 더욱 유명한 카페였다. 이런 커피숍을 그냥 지나칠 수 없어 우리도 커피숍에 들러 역사와 전통으로 유명한 커피를 마시는 기쁨도 맛보았다.

이렇게 로마에서의 꿈같은 하루 여행을 마치고 숙소로 돌아왔다. 숙소에서 내려다 본 로마의 뒷골목은 유서 깊은 도시와는 거리가 있었다. 우리가 머문 지역의 뒷골목은 지저분하기 그지없었다. 길가에는 쓰레기더미를 뒤지는 들 고양이가 참으로 많았다. 왁자지껄한 시장분위기는 옛날 남대문 도떼기시장 같았다. 시장에는 바나나, 파인애플, 망고 등과 같은 우리나라에서는 볼 수 없었던 과일이 풍성했다. 나는 과일도 몇 개 사고 지난번에 모나코에서 가짜 돈이라고 판명했던 돈도 사용할 수 있는 지 확인할 겸 숙소 밑에 있는 시장에 들렀다. 살구와 자두 그리고 바나나 몇 개를 사고 조심스럽게 가짜라고 버리라던 돈을 내밀었다. 그런데 과일 가게 주인은 아무 말 없이 돈을 받고 거스름돈까지 주었다. 그 뒤에 안 일이지만 신권은 검사기에 투시하면 형광물질이 있게 만들었으나 옛날 돈은 그런 것이 없어 그 점을 이용해서 외국인 관광객들에게 사기를 치는 사람들이 있었다고 한다.

몸을 씻고 잠을 청하니 집에 두고 온 마누라 생각이 간절하였다. 이렇게 멋진 여행을 혼자만 한다고 생각 하니 미안한 마음에 울컥 울음이 솟았다. 사실 우리는 결혼하고 신혼여행다운 여행을 하지 못했다. 결혼 이틀 후에 안사람이 응시한 취업시험에서 면접날짜가 잡혀 있었기 때문이다. 그래서 신혼여행을 속리산으로 갔는데 가서 호텔에 들어가려고 하니 주말이고 관광객들이 많아 빈방이 없었다. 예약이 뭔지도 모르는 무식한 촌놈이라 가면 그냥 방이 있는 줄만 알고 있었던 것이다. 마지못해 신혼 첫 밤을 옆에 있던 모텔에서 보냈다. 안사람은 입사시험은 시험대로 낙방을 하였고, 결과적으로 신혼여행도 제대로 가지 못했던 일생일대의 큰 실수로 남아 지금까지 원성을 듣고 있다.

다음날 아침 '한이음식점' 사장님의 안내로 베수비오 화산폭발로 없어졌다가 발견된 도시 폼페이를 구경하기 위해 떠났다. 폼페이 관광은 로마시대의 화려했던 이들의 생활상을 간접적으로나마 엿볼 수 있는 좋은 기회였다. 가진 자의 사치의 극치를 보는 것 같아 씁쓸한 마음으로 폼페이 구경을 마치고 로마로 돌아왔다. 이태리에 와서 로마와 폼페이를 여행하고 나니 더 볼 곳이 없을 것 같은 생각이 들었다.

우리는 다음날 일찍 일어나 세계의 3대 미항 중의 하나인 나폴리를 둘러보고 소렌토와 카플리스 섬을 거쳐 베네치아로 떠나기로 했다. 아침을 먹고 난 우리는 그동안 우리를 안내해 주었던 '한이음식점' 사장님과 아쉬운 작별을 해야 했다. 서로 인사를 나누고 우리는 기차를 타기 위해 로마역으로 나가 나폴리 행 기차를 탔다. 나폴리까지 가는 동안 5월의 이태리의 햇빛은 노래가사에 나오는 대로 찬란했다. 차창으로 들어오는 농촌의 풍경은 아름답고 평화로운 한 폭의 그림이었다. 잘 정돈 된 과수원엔 복숭아, 살구, 자두, 체리 등이 먹음직하게 달려 있었다. 한 번 먹어 본 사람은 알겠지만 이태리의 과일은 우리나라의 과일 못지 않게 정말 맛이 있다. 기차를 타고 한참을 정신없이 가다가 깜박 잠이 든 우리는 눈을 떠보니 어느 따뜻한 열대지방을 달리고 있는 느낌이었다. 지금까지 보았던 이태리 북부의 모습과는 다른 지역이었다. 놀라 옆에 있던 사람에게 물어 보니 나폴리를 지난 지 한참이 되었다고 한다. 우리 일행은 이태리 지도를 장화로 보면 발등에 해당하는 부분까지 내려 왔던 것이다. 우리가 타고 있던 기차는 급행열차였기에 작은 역에서는 쉬지도 않았다. 우리는 할 수 없이 한참을 가다가 기차가 멈추는 역에서 무조건 내렸다. 역에 가서 물어보니 나폴리 행 기차는 1시간 정도 기다려야 한다고 한다. 이런 어처구니없는 실수로 왕복 너 댓 시간의 손해를 본 것이다. 그러나 본의 아니게 이태리 남부까지 갔다 왔다는 소득을 얻기도 했다.

이런 해프닝을 겪고 도착한 우리 일행은 나폴리역에 내려서 택시를 타고 시내구경을 좀 하기로 했다. 나폴리에 세계적으로 유명한 피자집이 있다기에 들러보려고 한 것이다. 그 때만 해도 사실 우리나라에는 피자가 뭔지 모르는 사람이 대부분이었다. 물어물어 찾아간 피자집은 소문대로 역사와 전통의 향기가 건물 곳곳에서 묻어났다. 그러나 피자 맛을 잘 모르는 내 입맛엔 우리 빈대떡 맛이 훨씬 좋았다. 당시 내가 느낀 나폴리의 인상은 다닥다닥 붙어있는 아파트 골목마다 각 아파트에서 장대를 밖으로 꽂아 빨래를 널어놓은 특이한 모습이 전부였다. 사람들은 세계 어느 나라 못지않게 친절해 보였다. 우리를 보면 말을 걸 정도로 외지인들에게 붙임성이 있었다. 사진기를 가지고 다니는 우리를 보고 사진 찍어 달라며 따라 다니던 해 맑은 소년 소녀들이 아직도 눈에 선하다.

나폴리시내 구경을 끝내고 우리 일행은 소렌토로 가는 열차에 몸을 실었다. 우리가 탄 열차는 관광열차로 일반기차와는 달리 색상이 밝고 화려해 보였다. 나폴리에서 소렌토까지 가는 기찻길 옆으로 스쳐 지나가는 경치는 형형색색의 들꽃으로 장관을 이뤘다. 1시간은 족히 달려온 기차가 도착한 곳은 학창시절 음악시간에 열심히 따라 부르던 노래 속에 나오는 꿈에도 그리던 소렌토라는 도시였다. 역에서 나온 우리는 고삐 풀린 망아지처럼 나이나 신분을 망각하고 기쁨과 환희에 젖어 소렌토 시가지를 돌아다녔다. 시가지는 깨끗하고 아름다웠다. 시가지 양쪽으로 늘어선 건물들은 오랜 건축물과 새로운 건축물이 혼재해 있었다. 소렌토 시의 전체적인 분위기는, 뒤로는 높은 산으로 둘러싸여 있고, 앞은 바다가 있어 천혜의 요새 같은 도시었다. 멀리 보이는 뒷산에는 회색과 흰색 계통의 집들이 많이 보였다. 가파른 산 중턱까지 들어 선 집들은 마치 절벽에 달라붙은 새 집들처럼 보기에도 아슬아슬해 보였다. 집들은 모두 호화롭고 웅장하게 보였다. 집들이 소렌토 시내와 바다를 말없이 구경하고 있는 듯했다. 나중에 들은 이야기지만 그곳에 있는 집들은 보통 사람들이 사는 집들이 아니라 대부분 이태리 부자나 세계적인 유명 배우들이 소유하고 있는 별장이라 했다.

시가지 앞은 깎아지른 듯한 절벽으로 절벽 난간에 서면 소름이 끼칠 정도로 아찔했다. 그런 절벽 위에 집들이 들어서 있었고 모든 집들은 너나 할 것 없이 바다를 향해 창문이 나 있었다. 소렌토에 사는 사람들은 그 창을 통해 푸른 물결 넘실대는 지중해를 보면서 평생을 살았을 것이다. 그런 그들이라 누군들 시인이 되지 못하겠는가? 누군들 노래를 부르지 못할까? 이런 생각을 하면서 어느새 나도 모르게 내 입에서는 노래가 흘러나오고 있었다.

아름다운 저 바다와 그리운 그 빛난 햇빛
내 맘속에 잠시라도 떠날 때가 없도다.
향기로운 꽃 만발한 아름다운 동산에서
내게 준 그 언약 어이하여 잊을까?
멀리 떠난 그대를 나 홀로 사모하여 잊지
못할 이곳에서 기다리고 있노라
돌-아 오라 이곳을 잊지 말고
돌아오라 소렌토로 돌아오라

환경이 사람을 만든다고 했던가? 소렌토에서 바라 본 아름다운 경치는 사람뿐만이 아니라 산새나 들짐승들도 환경에 취해 영혼의 노래를 부를 것 같았다.

시내 구경을 어느 정도 하면서 도착한 곳은 영화 "로마의 휴일"의 촬영지로 잘 알려진 카프리섬으로 떠나는 선착장이었다. 선착장에 도착한 우리 일행은 카프리섬을 구경하기 위하여 배가 출발하는 시간을 확인했다. 그런데 이게 웬일인가? 우리는 일정상 당일 카프리섬을 다녀와야 했는데 우리가 도착한 시간에는 이미 섬에 들어갔다가 나올 수 있는 배가 없다고 했다. 실망이 이만저만이 아니었다. 하나의 꿈이

망가지는 순간, 아쉬움으로 가슴이 아팠다. 허전한 마음에 지중해의 바닷물이 진짜 바닷물인지 확인이나 한번 해 보자는 생각이 들었다. 물을 손으로 퍼서 맛을 보니 짠맛이 나는 바닷물임에 틀림없었다. 꼭 가보고 싶었던 카프리섬을 가보지도 못하고 발길을 돌리려 하니 가슴 한 쪽이 허전했지만 언젠가 다시 사랑하는 여인과 함께 찾으리라는 굳은 다짐을 하고 소렌토를 떠나왔다.

소렌토에서 나폴리로 나온 우리 일행은 다음 여행 코스인 물의 도시 베네치아를 향해 기차를 탔다. 나폴리에서 탄 기차는 밤새 달려 다음날 아침 베네치아 역에 도착했다. 그곳에서 버스로 갈아 탄 우리는 베네치아 시내로 들어갔다. 베네치아로 들어서니 그림에서 보았던 눈에 익은 건물들이 우리를 반겼다. 산마르코성당과 광장이었다. 광장에서 모이를 찾던 비둘기들이 누구보다도 우리 일행에 관심을 보였다. 이어 물속에 잠겨있는 시내 건물들도, 시내 사이사이를 이어놓은 아치형 다리들도, 성당에 걸려있는 종탑도 우리 일행을 반겨주는 듯했다. 건물들은 오랜 세월을 지내오면서 화려했던 옛 모습을 잃은 지 오래였다. 바닷물이 건물들을 반쯤 먹고 있었다. 언제 바닷물이 다 삼켜 버릴지 불안한 마음도 들었다. 그러나 그 곳에 살고 있는 사람들의 모습에서는 그런 불안한 모습은 찾아보기 힘들었다. 현실을 즐기는 눈치였다. 오며가며 베네치아를 베네치아답게 만들고 있는 곤돌라가 그랬고, 좁고 낮은 수로를 귀신같이 헤쳐 다니는 사공들의 몸놀림이 그러했다.

상점에는 넘쳐나는 크리스털제품들이 형형색색으로 진열되어 있었고, 직접 입으로 불어서 만드는 크리스털 제품의 제작 과정을 보니 모두가 달인처럼 보였다. 나는 쥐 인형을 하나 샀다. 내가 쥐띠이기 때문이었다. 그리고 우리 일행은 곤돌라를 타기로 했다. 그 당시 베네치아에서 곤돌라를 타려면 도로대신 만들어져 있는 운하에 버스 정류장 같은 곳이 있어서 곤돌라를 타고 내리게 되어 있었다. 우리 일행은 곤돌라를 타려고 정거장 같은 곳에 갔다. 조금 있으니 곤돌라 한대가 나타나더니 타라고 호객을 한다. 우리는 시내를 도는데 얼마 하느냐고 흥정을 했다. 먼저 10만 리라를 달라고 한다. 그 당시 우리나라 돈으로 치면 약 8만원에 해당하는 금액이었다. 우리는 반값으로 하자고 제안했다. 베네치아에서 곤돌라를 탈 때 부르는 값의 절반 정도는 깎아도 된다는 사실을 알고 있었기에 그렇게 했다. 이태리 남자들은 성질이 다혈질이라 성질도 잘 내지만 때로는 화통하여 마음에 들면 시원시원한 면도 있었다. 결국 우리일행은 5만 리라를 지불하고 곤돌라를 타고 역사적인 베네치아의 시내 관광을 했다. 그 때 기분은 나는 복 받은 사람이라는 생각과 나를 이 세상에 있게 해 주신 부모님께 감사하게 생각했고, 앞으로 불평하지 않고 늘 매사에 감사해 하며 일생을 살기로 마음먹었다. 나폴레옹이 침략했을 때 가장 아름다운 도시라고 감탄을 하였다는 안내원의 이야기와 도시에 얽힌 역사, 그리고 산마르코 성당 광장에 수많은 비둘기들, 글로 다 표현할 수 없는 것들을 눈에 담고 다음 여행지인 피사로 향했다.

피사는 그 유명한 사탑이 있는 도시다. 또한 갈릴레오 갈릴레이의 고향이기도 하다. 쓰러질 듯 쓰러질 듯 쓰러지지 않고 수 백 년을 서 있는 사탑은 신기하기도 하지만 한편으로는 많은 일화를 가지고 있어 꼭 한 번 보고 싶은 유적이었다. 오랜 시간을 투자하여 도착한 피사는 생각보다 큰 도시는 아니었으나 비교적 깨끗했다. 정거장에서 내려 이정표를 따라 한참을 걸어가니 그림으로 많이 봐 왔던 그 사탑이 자태를 뽐내며 의젓하게 서 있었다. 우리는 탑으로 가면서 연신 샷타를 눌러 댔다. 사탑이 넘어가는 것을 두 손으로 받치고 있는 사진을 많은 관광객들이 찍고 있어 우리도 흉내를 내었다. 여러 장의 사진을 찍고 난 후 우리는 탑으로 올라가기 위해 줄을 서서 표를 구입했다. 그리 비싼 값은 아니었다. 돈을 지불하고 좁은 통로를 통해 마치 여치 집같이 나선형으로 되어 있는 사탑을 조심조심 걸어올라 갔다. 한참을 올라가서 아래를 내려다보니 현기증이 났다. 그리고 혹 넘어지면 어떻게 하나 하는 불안한 마음도 들었다. 탑의 꼭대기에 올라 인물 사진을 찍고 멀리 보이는 시내를 바라보았다. 마침 시원한 바람이 몸을 휘감자 행복감이 온몸에 가득함을 맛볼 수 있었다. 정말 신비스러운 탑이었다. 우리가 다녀온 뒤로 사탑을 보호하고 수리하기 위하여 탑에 오를 수 없다는 소식을 들었다.

이렇게 긴 여정을 마치고 저녁에 기차를 타고 한 달 만에 다시 벨기에의 앤트워프로 돌아왔다. 마치 집에 돌아온 느낌 그대로였다. 오랜만에 만나는 동료와 룸메이트였던 관홍이가 누구보다도 반갑게 맞아주었다. 교육받던 BTM 연구소가 있는 앤트워프로 돌아온 뒤로 귀국하는 7월 말까지 두 달 동안은 열심히 연구하였다. 주말에는 기를 쓰고 주변에 있는 베네룩스 삼국과 스웨덴, 노르웨이, 덴마크, 독일, 오스트리아, 스위스, 영국 등을 여행하였다. 일생에서 가장 값진 생활이었다.

이상과 같은 여러 나라를 여행하며 겪은 일을 지면에 다 기술할 수 없어 아쉽다. 그러나 나는 길다면 길고 짧다면 짧은 약 300여일의 유럽 생활을 나름대로 빠짐없이 기록해 놓은 게 있다. 나는 고국에서 나를 손꼽아 기다리는 사랑하는 아내에게 유럽여행을 하며 겪었던 모든 사실을 편지로 써 보냈다. 그간 우리 부부가 주고받은 편지는 줄잡아 200통으로 이틀에 한 통씩의 편지를 주고받은 셈이다. 그 편지들은 아직도 빛바랜 모습으로 우리 부부의 삶을 지켜주는 우리 가정의 가보로 남아있다.

메이드 인 스위스

벨기에에서 교육을 받고 있을 때 주말을 이용해서 스위스를 여행한 적이 있었다. 스위스는 알프스가, 요들송이, 시계공업이, 빌헬름텔의 이야기가, 온 나라가 정원이고, 호수가 많으며, 국민 의식 수준이 높은 나라, 나폴레옹도 감히 침공하지 못했던 작지만 강한 나라로 이미 우리에게 잘 알려져 있었다.

그런 아름다운 나라를 여행할 기회가 있었다는 것은 행운 중에 행운이었다. 스위스 국경에 도착하니 마을들이 온통 동화책에 나오는 그림 같았다. 어느 것 하나 정돈되어 있지 않은 것이 없어 보였다. 집들은 온통 꽃으로 장식되어 있었고 길거리는 땅에 밥알이 떨어져 있어도 주워 먹을 수 있을 정도로 깨끗하였다. 길을 따라 아름답게 지어져 있는 집들은 오월의 따뜻한 햇볕 속에 창문들이 열려 있었고, 열린 창가마다 이름 모를 꽃들이 주렁주렁 매달려 곱게 피어있었다. 길가에서 좀 떨어져 있는 농가들은 아름다운 꽃나무로 둘러 쌓여 있어 마치 한 폭의 그림을 보고 있는 것 같았다. 너무 깨끗하여 사람들이 사는 세상이 아닌 것 같은 착각이 들 정도였다.

차를 타고 가다가 만년설로 곱게 단장하고 있는 산을 발견하고 차에서 내렸다. 유명한 융프라우 산이었다. 나는 스위스 경치에 취해 시간 가는 줄도 몰랐다. 아니 이 아름다운 곳에서 지저분한 배를 채우는 것보다는 눈과 머리와 가슴에 이 아름다운 경치를 채우는 것이 더 값질 것 같은 생각이 들었다. 그러나 금강산도 식후경이라고 했던가? 때가 지나니 배에서 천둥소리가 나기 시작했다. 마땅히 먹을 것도 없고 시간도 아껴야 하기에 근처에 있는 가게에 가서 날계란이나 한두 개 사 먹으려고 들어갔다. 가게 주인아저씨는 큰 키는 아니었지만 뭘 먹었는지 달마마냥 배가 볼록 튀어나와 있었다. 그도 스위스의 보통 사람처럼 체크무니 셔츠에 헐렁한 멜빵바지를 걸치고 있었다.

내가 가게로 들어가니 아저씨가 나를 바라보았다. 나는 영어 외에 다른 외국어를 할 줄 몰랐기 때문에 외국 여행 중에 외국 사람을 만나면 무조건 영어로 말을 걸었다. 영어도 신통치 않으면 아예 우리말로 했다. 아저씨가 하는 말을 들어보니 아저씨는 독일어를 쓰고 있었다. 스위스는 나라는 작지만 독일어 불어 이태리어가 통용되는 나라였다. 아저씨가 하는 말 중에 고등학교 다닐 때 배워두었던 독일어 단어가 간혹 들려왔다. 반갑기도 하여 내가 기억해 놓았던 독일어 몇 마디를 섞어서 이야기를 하니 이 아저씨 내가 독일어를 알아듣는 줄 알고 신이 나서 얘기를 했다. 나는 계란을 가리키며 독일어로 얼마냐고 물었다. 아저씨가 한쪽은 1프랑, 다른 한쪽은 3프랑이라고 했다. 왜 똑같은 계란인데 값이 틀리느냐고 우리말로 물었다. 영어도 통하지 않는데 우리말이 통할 리가 없었다. 그런데 그 아저씨 어떻게 알았는지 1프랑짜리 계란은 메이드인 이태리이고, 3프랑짜리 계란은 메이드인 스위스라고 했다. 그러면서 엄지손가락을 세우며 웃고 있었다.

나는 자기 나라에서 생산한 계란까지도 자부심을 가지고 자랑스럽게 얘기하는 구멍가게의 아저씨를 통해 오늘날 스위스가 왜 잘 살고 있는지 수긍이 갔다. 나라를 사랑하는 애국은 백 마디 말보다 이렇게 국민들이 느끼는 자긍심이 아닌가 하는 생각에 그들의 자부심이 부러웠다.

제 3 부 제자사랑

사도

길은 여러 가지가 있다. 우리가 오가는 길이 있는가 하면 마음이 통하는 길도 있다. 길은 우리를 연결하는 통로로서의 역할도 있지만 우리 내면의 이정표가 되기도 한다. 옛날 공부 잘하는 고3 학생이 대학 진학을 앞두고 자기 진로에 대하여 고민을 하고 있었다. 자기실력에 맞는 대학의 선택은 쉬웠다. 그런데 문제는 어떤 학과를 선택하느냐는 것이었다. 자기 진로에 대해 많은 사람들에게 자문을 구해 보았지만 모든 학과가 나름대로 훌륭했다. 고민 끝에 이 학생은 시내 네 거리로 나가 눈을 감고 뱅뱅이를 돌아서 학과로 결정하기로 했다. 시내 사거리에서 보면 한쪽 길에는 도청 건물이 보이고, 다른 한쪽 길에서는 법원 건물이 보이고, 다른 한쪽 길에서는 학교가 보이고, 나머지 길에서는 대기업 건물이 보이는 곳이었다. 그래서 이 학생은 사거리로 가서 눈을 감고 몇 바퀴 돌다가 서서 눈을 떠서 보이는 쪽의 건물에 따라 학과를 결정하기로 했다. 그 결과 대기업 건물이 보여 상대를 지망하였다는 이야기를 들은 적이 있다. 이처럼 자기가 가야 할 길을 결정하는 것은 쉬운 일이 아니다.

교단에 선지 어언 25년이 넘었다. 처음 인사 발령을 받고 인사도 드리고 덕담도 들을 겸해서 대학교 은사님을 찾아갔다. 오랜 만에 나타난 나를 은사님은 다정히 맞이해 주셨다. 인사를 드리고 난 뒤 나는 대학교에서 강의를 하게 되었다는 말씀을 드렸다. 은사님은 뭐 돈이나 열심히 벌지 훈장질을 하려고 그래? 하시며 탐탁지 않게 생각하셨다. 은사님은 원래 제자들이 교직으로 가는 것을 반기시지 않았었다. 나는 나름대로 변명을 하고 돈보다 하고 싶은 일을 하고 살겠다고 말씀드렸다. 열심히 노력하여 부끄럽지 않는 제자가 되겠다는 다짐도 했다.

그러고 나서 나는 정중하게 사도(師道)가 뭐냐고 물었다. 뜻밖에 질문을 받으신 은사님께서

"사도?"

라고 말씀하시더니 한참을 침묵하셨다. 몇 십 년을 교단에 섰으면서도 사도가 뭐냐는 질문에 숙고하시는 은사님을 바라보면서 사도라는 것이 쉬운 길은 아니구나 하는 생각이 들었다. 얼마동안 침묵이 흐른 뒤에 은사님께서 어떤 질문의 답보다 무거운 모습으로 말문을 열었다.

"내가 생각하기로는 사도란? 집에서 연구실, 연구실에서 강의실, 그리고 강의실에서 연구실, 연구실에서 집으로 이어지는 길이 아닌가 생각 하네"

라고 말씀하셨다. 그러시면서 당부하시기를

“이왕에 교직을 평생 업으로 삼겠다고 마음 먹었으면 한눈팔지 말고 사도로만 열심히 다니라고 하셨다.”

은사님의 말씀을 듣고 나니 사도가 고행의 길이겠구나 하는 생각이 들었다. 은사님의 사려 깊은 덕담을 듣고 돌아와 흥분된 마음으로 교단에 섰다. 교단에 서보니 두려운 마음도 없지 않았다. 내가 과연 인격과 지성 그리고 전문 지식인으로서 자격이 충분한가가 무엇보다 두려웠다. 내 자신이 나를 아무리 관대하게 평가해 봐도 훌륭한 교수로 평가할 수 없었다. 그러니 수업시간 마다 긴장의 연속이었고, 수업은 고달프고 힘들었지만 누군가를 가르친다는 것은 흥분되고 기쁜 일이었다. 대학 강단에 서는 일은 행복이었다. 보수가 없어도 강의를 할 수 있다고 떠벌리고 다닌 적도 있었다. 그동안 학생들이 나를 어떻게 평가하고 있는지 정확히는 알 수 없다. 다만 나한테 배우고 나간 제자들이 사회에서 맡은 바 일을 충실히 감내하고 있다는 소식이 종종 들려오니 그것만으로 내게 위안이 될 뿐이었다.

사실 내가 대학으로 자리를 옮기게 된 큰 목적 중의 하나는, 배움이 높고 지성과 지식을 겸비한 인격이 출중한 학자를 만나서 부족한 것을 많이 배우고, 나 자신이 나를 인정하는 그런 인간으로 거듭나는 것이었다. 가난하지만 지성과 인격을 겸비한 겸손한 선비를 꿈꾸었다. 길거리를 지나가는 나그네가 길을 묻고자 선택하는 그런 사람이 되기를 바랐다. 그러나 그런 꿈은 허황된 것이라는 것을 깨닫는 데는 오랜 시간이 걸리지 않았다. 각 분야에서 전문지식을 갖추고 인격과 덕망을 소유한 분들을 만나, 과거를 배우고 현재를 논하며 미래를 조망할 수 있는 멋진 내가 되기를 소망했으나 그런 사람들을 발견하기는 쉽지 않았다. 강단에도 시정잡배와 다름없는 사람들이 도처에 숨어 있었다. 말로는 자유, 정의, 진리, 의리, 사랑, 화해, 평등, 평화 등등 좋은 말은 다하면서 내면에는 검은 그림자가 가득한 사람들이 많았다. 아집, 술수, 오기, 미움, 시기, 아첨, 배신, 권모술수 등을 이해하기 힘든 전공 논문처럼, 그럴 듯한 논리로 포장하고 있었다. 그런 속에서 그런 이들과 함께 하는 내 자신도 사도를 잃고 그렇게 살아왔다. 25년이 지난 지금 와서 은사님이 가르쳐 주신 사도를 끝내 지키지 못하고 오만 잡 길을 두루 섭렵하고 살았으니, 새삼 은사님의 가르침에 큰 누를 끼쳤구나 하는 생각에 후회가 막급하다. 이제 다시 한 번 스승을 찾아가 참 사도가 뭔가를 여쭤봐야겠다.

바보 아저씨

몇 년 전 산동네에서 살 때 있었던 일이다. 동네 반상회를 다녀온 집사람이 들어서자마자 반색을 하며 내게

"동네 꼬마들이 당신을 뭐라고 부르는지 알아?"

하고 물었다. 밑도 끝도 없이 묻는 말에 이런 싱거운 사람 봤나 하고 한편 생각해 보니 궁금해서

"뭐라 하는데?"

라며 물었다. 마누라는 한참 뜸을 들이고 나서

"동네 꼬마들이 당신더러 바보 아저씨라고 한대"

하면서 이 사이에 끼어있는 통깨 씹는 모습보다 더 고소한 웃음을 지었다.

"동네 꼬마들이 당신에게 인사만 하면 당신이 껌도 주고 과자도 준다며? 그래서 애들이 당신더러 바보 아저씨라고 한대, 동네 아줌마들

도 다 알고 있다던데?"

그 이야기로 반상회에 모인 아줌마들이 한바탕 웃었다고 했다. 그 당시에는 음식점에서 식사를 하고 나면 껌이나 과자를 주었다. 이것들을 주머니에 넣고 다니다 동네 아이들이 골목에서 놀고 있다가 아는 체를 하면 이를 꺼내 주곤 했다. 하루 이틀 정이 쌓이다 보니 골목에 나와 노는 애들을 거의 다 알게 되었다. 지나다가 이놈들이 나를 알아보고 열심히 인사를 했다. 인사를 받고나면 고맙고 대견해서 주머니를 뒤져 껌이나 과자를 꺼내주곤 했다. 이런 일이 반복되다 보니 골목에서 놀고 있는 동네 개구쟁이들은 내가 지나가기만 하면 누가 먼저랄 것도 없이 서로 목청이 터져라

"아저씨 안녕하세요?"

하며 인사를 하고 저희들끼리 낄낄거리곤 했다. 인사를 받고 마침 주머니가 비어 있을 때는 구멍가게에 가서 껌이나 과자를 사주기도 했다. 믿는 도끼에 발등 찍힌다고 했던가? 어떤 보답을 바라고 한 일은 아니었지만 인사만 하면 과자를 주는 내가 그 예쁜 꼬마들한테는 바보 아저씨처럼 보였던 모양이다. 귀엽던 이놈들을 통해 나는 남을 사랑하는 일은 바보만이 가능하다는 평범한 진리를 깨닫게 되었으며 오늘도 바보처럼 살기 위해 노력하고 있다.

나를 미워하는 사람을 사랑하는 바보, 새치기 한 번 할 줄 모르는 바보, 길거리에 휴지조각 하나 버릴 줄 모르는 바보, 한번 한 약속은 목숨을 걸고 지키는 바보, 내 이익을 위해서 남을 이용할 줄 모르는 바보, 돈 안 생기는 일에 땀 흘리는 바보, 남의 잘못도 내 잘못이라고

용서를 비는 바보, 내 자랑 한번 못하는 바보, 미련할 정도로 법을 잘 지키는 바보, 불의를 보고 지나치지 못하는 바보, 아부한번 못하는 바보, 나보다 남을 먼저 배려하는 바보, 받는 것보다 주는 것을 더 즐거워하는 바보 이런 바보가 되게 해달라고 기도 하고 있다.

이제는 어엿한 성인이 되어 어느 곳에서 나와 같이 이 청명한 가을 하늘을 바라보고 있을 산동네에서 같이 살았던 용희, 호야, 병국이, 은지 등등 그 당시 나를 바보 아저씨라고 부르던 꼬마 놈(?)들이 그립다. 그리고 그들에게 바란다. 곡식이 잘 익을 수 있게 해 달라며 하느님께 기도하는 릴케의 시를 읽고, 별을 세는 마음으로 모든 죽어 가는 것까지도 사랑하겠노라는 우리의 영원한 시인 윤동주님의 서시를 읊으며, 폭군에 맞서 비폭력 무저항으로 조국 인도를 구한 간디의 정신을 본받아, 건강하고 아름다운 열린 마음으로 더 큰 바보로 살아가 주기를 기대해 본다.

교수님은 위선자

우여곡절 끝에 나는 1982년 봄 학기부터 서울의 한 여자대학교 강단에 서게 되었다. 그 때 내 나이 35 세로 꿈도 의욕도 패기도 넘치던 때였다. 학창시절에 강의 경력이 많지 않던 나는 개학을 앞두고 많이 긴장되었다. 첫 수업 시간에 강의실에 들어서니 웬 아주머니들이 많이 눈에 띄었다. 내가 소속되어 있는 학과가 야간 학과였기에 직장을 다니는 학생들이 대부분이었다. 중학교에 다니는 딸을 둔 학생도 있었다. 원래 부끄럼을 많이 타는 체질이라 한 동안은 학생들과 눈도 제대로 마주치지 못하고 강의를 했다.

그렇게 대학 강단에 선지도 어언 5년이 지났다. 강의도 어느 정도 관록이 붙었다. 나한테 교육을 받았던 1회 학생들이 졸업을 해 나갔고, 젊고 미모를 갖춘 훌륭한 여자 교수님 한 분이 부임해 왔다. 매우 지적이었고 생각이 트인 교수로 학생들의 우상이 되었다. 이렇게 내가 소속되어 있는 학과는 해를 거듭할수록 학과다운 면모를 갖추어 나갔다.

야간 학과의 수업은 오후 6시에 시작하여 마지막 수업은 11시가 다 되어 끝났다. 주간학과에 비하여 수업이 매우 진지했다. 주경야독을 하는 학생들이 많았기에 향학열만큼은 대단했다. 가정형편은 좋은 편이 아니었으나 마음 씀씀이는 매우 여유롭고 향기로웠다. 친구를 아끼고 배려하며 친구의 기쁨을 같이 할 줄 알았고, 친구의 슬픔을 함께 나눌 줄 아는 인정이 많은 학생들이었다.

내 연구실에는 누가 꽂아 놓았는지 늘 장미꽃이 꽃병에 꽂혀 있었다. 교수님을 대하는 예의가 지나칠 정도였다. 한창 젊은 나이에 꿈 많고 희망으로 부풀어 있는 학생들을 가르치고 있다는 것은 공자님의 문자를 빌리지 않아도 가르치는 그 자체가 기쁨이었다.

캠퍼스에 봄기운이 무르익던 4월 어느 날 연구실에 앉아 수업준비를 하고 있는데 문을 두드리는 소리가 들리더니 이내 문을 열고 2학년에 다니던 혜선이가 들어왔다. 혜선이는 내 지도학생으로 똘똘하고 공부도 썩 잘하는 학생이었다. 나는 의자에서 일어나 소파 쪽으로 걸어가며

"무슨 일이 있어?"

라고 물었다. 한참 뜸을 드리던 혜선이는 대뜸 전과를 하고 싶다고 했다.

"그 이유가 뭔데?"

라고 물었다. 혜선이는 사전에 준비를 했는지 또박또박 이유를 말했다. 그 내용은 이랬다. 대학에 가면 존경할 만한 훌륭한 교수님도

계시고, 인생을 논할 멋진 친구도 만날 줄 알았고, 그리고 사랑과 낭만이 있을 줄 알았다고 했다. 그런데 1년 정도 대학 생활을 해보니 그 어느 하나 만족스러운 것이 없었다는 것이었다. 게다가 전공하는 통계학이 적성에 맞지 않는 것 같다고도 했다. 말을 듣고 난 나는 혜선이에게

"그럼 지난 1년 동안 친구도 없이 혼자 어떻게 지냈냐고 물었다."

내말에 혜선이는 학교에 있는 돌과 나무와 대화를 나눴다고 했다.

"야! 혜선이 멋진데?"

이렇게 이야기를 이어 갔다. 이야기가 진행되면서 학생에 대한 가족환경조사까지 자연스럽게 이뤄졌다. 아버님이 대학에서 철학을 전공하셨다는 사실도 알게 되었다. 학생이 교수를 찾아와 자기 문제를 털어 논 이상 어떻게든지 해결책을 제시해야 하는 것이 지도교수의 도리라 생각했다. 해결책이 아니면 대안이라도 제시해 주어야 했다. 아무리 교수라 해도 한 학생의 앞날이 달려있는 문제인데 단정적으로 말하기가 몹시 조심스러웠다. 나는 생각 끝에 혜선이에게

"네가 지금 통계학을 그만두고 철학을 하겠다는 것이 내게는 공부하기 싫어 핑계를 대고 있는 것처럼 들리는데?"

그렇지 않느냐고 물었다. 혜선이는 그것은 절대 아니라고 했다. 다시 부모님과 의논해 봤느냐고 물었다. 혜선이는 의논은 해 보았는데 아버님께서 반대를 하신다고 했다. 나는 이야기를 마치기 위해 일방적으로 혜선이에게 약속을 했다. 네가 통계학이 싫어서 구실을 찾고 있는 것이 아니라면 이번 학기에 일등을 해보라고 했다. 일등을 하고도 철학을 하겠다고 한다면 내가 부모님을 만나 전과를 하도록 적극

설득하겠노라고 했다.

수업시간이 다되어서 혜선이는 강의실로 갔다. 뒤따라서 나도 강의실로 들어갔다. 선생님이 강의실에 들어와 있는 데도 학생들의 떠드는 소리는 그치지 않았다. 한참을 서서 열심히 떠드는 학생을 바라보고 있으니 하나 둘 입을 다물기 시작했다. 세 시간 속강이기에 수업 중간에 휴식시간이 있었다. 혜선이가 겪고 있는 문제가 다른 학생에게도 있을 것 같은 생각이 들었다. 나는 쉬는 시간을 통해 혜선이와 나누었던 내용을 일반화시켜서 학생들에게 해 주었다. 수업 시간에는 누구보다도 열심히 듣던 혜선이가 계속 딴 짓을 하고 있었다. 내 강의가 재미없는가보다 라고 생각하며 남은 수업을 마쳤다. 나갈 준비를 하고 있는 데 혜선이가 샐쭉해져서 뒷문으로 뛰어나갔다. 나는 지친 몸을 끌고 연구실로 돌아왔다. 연구실에 도착하여 문을 열려고 하는 데 연구실 문에 쪽지가 하나 꽂혀 있었다. 연구실로 들어와 쪽지를 펴보니 그 쪽지는 혜선이가 쓴 것이었다. 내용은 왜 자기하고 나눈 이야기를 다른 학생들에게 했느냐는 항의성 글이었다. 그리고 말미에 교수님은 위선자라고 쓰여 있었다. 약간 당돌하게 느껴지기도 하고 한편으로는 용기 있는 학생 같은 생각도 들어 혼잣말로 고놈 참! 하며 웃었다. 내 배속으로 난 자식도 이런 놈 저런 놈이 있다던데 하물며 수 십 명이나 되는 제자를 두고 살다보면 더하겠지 하는 생각을 하다가 이내 그 일은 잊게 되었다.

그리고 며칠이 지났다. 누군가 연구실 문을 두드리기에 "들어오세요."라고 했다. 문이 열리더니 혜선이가 상기된 모습으로 들어섰다. 그 시간도 수업시간 1시간 전이었다. 혜선이는 들어오더니 대뜸 내게

"교수님! 제가 교수님께 위선자라고 했는데 왜 저를 불러 혼내지 않으셨어요?"

하며 따지듯이 물었다. 나는 웃으면서 대답했다.

"왜 내가 너를 혼내지? 네 말대로 나는 위선자야. 그럼 너는 위선자 아니니? 그리고 나는 네가 다시 올 줄 알고 있었는데 왜 너를 부르니."

그 말을 듣더니 혜선이는 눈물을 흘리기 시작했다. 혜선아 너 잘못한 것 아무것도 없어. 세상에 위선자 아닌 사람이 있을까? 나는 지금까지 내 자신이 위선자 아니라고 생각해 보지 않았다. 단지 남보다 덜 위선을 떨면서 살려고 노력은 하고 있지. 네가 나한테 이런 쪽지 썼다고 내가 너를 미워할 것이라고 생각하니? 그런 사람으로 생각해? 날 그렇게 봤으면 잘 못 본 것 같다는 등의 이야기를 했다. 그리고 이번 학기에 일등 하기로 한 약속을 잊지 말도록 하라고 했다. 이런 얘기를 나누고 난 후 혜선이는 눈물을 거두고 안심한 모습으로 내 방을 나갔다.

한 학기가 끝나고 성적표가 내게 왔다. 성적을 확인해 보니 혜선이가 일등을 했다. 참으로 기특했다. 일등을 하게 된 원인이 나와의 약속이었든 아니었든 대견해 보였다. 장학금을 주기 위해 혜선이를 불렀다. 혜선이는 어느 때 보다도 밝은 모습으로 나타났다. 나는 혜선이에게 네가 약속을 지켰으니 아버님을 찾아뵙고 널 철학과로 전과할 수 있도록 하겠다고 했다. 그러자 혜선이는 손 사례를 치며

"아니 예요 선생님! 통계학을 열심히 해서 교수가 되겠어요"

라고 했다. 그 후로 혜선이는 정말로 열심히 공부하여 우리 통계학과 졸업생 중에서 박사학위 1호가 되었다. 아직 교수는 되지 못했지만 좋은 직장에서 열심히 일하는 자랑스러운 제자가 되었다.

후에 혜선이가 우리 집사람을 만난 자리에서 학창시절에 자기가 교수님의 관심을 끌기 위하여 그런 일을 했노라고 이실직고 했다고 했다. 선생님을 놀리다니. 이런 고얀 놈을 봤나!. 그래 이게 제자를 사랑한 죄라면 죄이겠지. 네가 원한다면 나는 기꺼이 놀림을 당할 수 있다. 오직 나의 소원은 내 제자들이 어디에서 어떻게 살든 건강한 모습으로 좋은 가정 꾸미고 행복하게 살아 주었으면 더 바랄 것이 없다. 이런 마음이 제자를 사랑하는 나의 솔직한 마음이다.

되로 주고 말로 받기

옛날 우리 선조들은 마음은 물론 사소한 물건까지도 이웃과 서로 나누며 사는 것을 미덕으로 알고 살았다. 내가 태어나 살던 고향은 숨을 쉬면 금방 콧속으로 빨려들어 올 것 같은 앞산과 장마라도 지면 금방 무너져 내려 동네를 덮칠 것 같은 뒷산이 전부인 수악(首惡)한 산골이었다. 봄이면 봄마다 먹을 것이 부족하여 허기진 배를 채우기 위하여 들로 산으로 나물을 뜯으러 다니는 것이 일과였다. 이렇게 어려운 형편인데도 피 보리죽 한 그릇이 생기면 이웃과 서로 나누어 먹는 아름다운 마음씨를 가지고 있었다. 그런 환경 속에서 보고 자란 죄인지 덕인지는 확실하지 않지만 요즘도 옆에 사람을 놔두고 나 혼자 음식을 먹는 것은 죄처럼 느껴진다. 생면부지 남에게 음식을 주면 의심을 받는 시대임에도 나는 눈치도 없이 그 짓을 계속하다 마누라한테 핀잔을 듣기 일쑤였다. 그래도 그 버릇은 못 버릴 것 같다. 아니 버리고 싶지 않다.

몇 년 전, 추석 다음날의 일이다. 우리는 열 서너 가구가 모여 사는 자그만 한 연립주택에서 살고 있었다. 나는 죽을 일이 아니면 추석과 설 명절에는 연어가 고향을 찾듯 꼬박꼬박 고향을 찾았다. 때로는 서울에서 뉴욕을 비행기로 가는 시간만큼 차 속에 갇혀 있기도 했고, 대소변 때문에 애를 먹은 적도 있었다. 그래도 부모님이 계시고 형제자매가 기다리는 고향, 흙냄새가 그립고 옛 추억이 눈에 어른거려 고통도 기쁨으로 알고 고향을 찾았다. 환갑을 눈앞에 둔 요즘도 변함없이 그런 행사를 치르고 있다. 정성껏 준비한 작은 선물 보따리를 풀어헤쳐 서로 주고받으며 즐거워하는 얼굴을 보노라면 타향살이 고달픔이 봄눈 녹듯 사라지기 일쑤다.

추석 차례를 지내고 성묘를 마치면 으레 전쟁터 같은 귀경 행렬을 피해 가려고 알맞은 출발시간대를 잡기 위하여 서로 머리를 굴린다. 오랜만에 북적이는 사람 냄새를 맡으신 어머님은 일분일초라도 더 있다 가기를 바라지만 그런 마음을 조금이라도 아는지 모르는지 아들딸 들은 그저 출발 준비로 부산을 떤다. 반면 어머님께서 떠나는 자식들에게 뭔가 조금이라도 못 주어 보내서 안달이 나신다. 그 날도 예외가 아니었다. 어머니는 호박이 많이 열었는데 먹을 사람이 없으니 가지고 가서 먹으라고 우격다짐으로 차 트렁크에 실으셨다. 원래 손이 크기로 소문이 난 분이라 두 식구가 사는 우리에게는 한두 개만 있으면 충분한데도 밭에서 따오신 호박을 모두 실어 주셨다. 마누라도 너무 많다고 다른 사람들 주라고 해도 큰 아들을 항상 최고라고 생각하시는 어머님은 일방 통행이셨다. 어머님이 주신 호박은 가장 맛있을 애호박으로 20개쯤 되었다. 하는 수 없어 나는 마누라더러 가지고 가서 이웃에 나눠 주자고 했다.

그렇게 해서 서울로 가지고 온 호박을 집에 풀어 놓으니 온통 방바닥이 경동시장 야채가게 같았다. 채소가 다 그렇듯이 밭에서 따다가 바로 먹어야 신선도가 유지되어 맛이 있다. 호박도 마찬가지로 따다가 바로 요리해 먹어야 맛이 있다. 나와 마누라는 호박처분을 놓고 한참 논쟁을 벌였다. 나는 시골에서 농사 진 것을 가지고 온 것이니 이웃집에 나눠주자고 했다. 마누라의 주장은 호박이 몇 푼이나 간다고 이웃집에 주느냐는 주장이었다. 나는 주는 정성이 중요하지 호박 가격이 무슨 의미가 있느냐고 우겼다. 결국 마누라가 내 의견에 따르기로 하였다. 마누라는 연립주택에 같이 살고 있는 호야, 병민이, 은지, 김 사장님 댁, 그리고 연세가 드신 할머님 댁에 호박을 갖다 주었다. 마누라가 호박을 다 나눠주고 집으로 들어오면서 입을 비죽거리며

"갖다 주었어! 이제 마음이 후련해?"

하며 투덜거렸다.

몇 년을 같은 건물에 서로 얼굴 맞대고 살고 있지만 이웃끼리 다정한 말 한번 나누지 못했던 터라 값싼 호박 한 두개를 달랑 들고 남의 집 초인종을 누른다는 것이 어찌 보면 마누라에게는 자존심 상할 일이었을지도 모른다. 하긴 호박을 받는 집에서도 우리 호의대로 반찬으로 해서 맛있게 먹었는지는 확인해 보지 않아서 알 길이 없었으나 우리는 주는 것만으로 그냥 즐거웠다.

저녁을 먹고 TV를 보고 있는데 우리 집 초인종이 울렸다.

"누구세요?"

하며 문을 열고 보니 이웃에 사는 은지 엄마가 바구니에 야구글러브 같은 바나나를 들고 서있었다.

"뭐예요?"

하고 물으니 은지 엄마가 주신 호박을 너무 맛있게 먹었다며 바나나를 놓고 갔다. 지금은 바나나가 비싼 과일이 아니지만 그 때에는 바나나가 귀하고 가격도 만만치 않았다. 은지 엄마가 다녀간 후 조금 있다가 다시 우리 집 초인종이 울리더니 이번에는 호야 엄마가 사과를 한 바구니 들고 왔다. 이어서 직장에 갔다 돌아온 병민이 엄마가 단감을 들고 찾아왔다. 김 사장님 댁에서도 빈대떡을 보내왔다. 우리의 의도는 그런 것은 아니었는데 대박이 난 것이다. 다음 날 오후에는 연세 드신 할머님으로부터 호박 잘 먹었다는 극진한 인사도 받았다. 우리는 변변치 않은 호박 한 두개를 전했는데 그 호박은 여러 가지로 둔갑하여 값으로 치면 몇 배로 대박이 났다. 거기에다 덤으로 이 교수님 댁에서 준 호박이 맛이 있어다는 인사와 인심 좋은 사람으로 동네 소문이 났으니 이만한 장사가 또 어디 있겠는가? 우리 부부는 이 하찮은 일을 통해서 나눔이란 되로 주고 말로 받는다는 귀한 교훈을 얻었다. 그리고 주는 즐거움이 받는 즐거움보다 더 크다는 사실도 새삼 깨달았다.

쌍둥이 아빠

쌍둥이 아빠는 1996년 내가 미국 시애틀에 있는 워싱턴대학에서 방문교수로 있을 때 만난 교포였다. 미국에 오시는 대부분의 교포들은 교회나 성당 그리고 절이 있는 경우에는 절을 찾아 주일을 보내는 것이 흔한 일이었다. 우리 부부도 우리보다 먼저 이곳에 와 있던 김 교수님 댁을 따라 교회에 나갔다. 김 교수님과 교수님 사모님은 1년 넘게 이 교회를 다니고 있어 많은 교인들과 잘 알고 지내고 있었다. 교회에서 김 교수님 사모님의 인기는 하늘을 찌를 정도였다. 미모에다 친절함이 몸에 배셔서 누구나 좋아하는 그런 멋진 분이셨다. 김 교수님 내외 덕분에 우리 부부는 인간관계를 맺기 위해 치러야 하는 많은 과정을 쉽게 넘어갈 수 있었다.

처음 교회를 나가는 날 유달리 내 눈에 띄는 사람이 있었다. 좀 특이한 복장과 얼굴생김새 그리고 음성과 행동까지 유별나 보였다. 김 교수님 내외를 따라 교회 안으로 조용히 들어가 자리를 잡았다. 마누라가 성금 봉투를 가지고 와서 얼마의 돈을 넣었다. 교회는 아담하고 조용한 건물이었다. 안으로 들어가니 안내하시는 분들이 김 교수님 부부와 인사를 나누며 우리 부부를 간단히 소개시켜 주었다. 우리 부부는 그냥 만나서 반갑다는 간단한 인사를 하고 빈 의자에 가서 자리를 잡았다. 의식이 시작하기 바로 직전이라 대략 백 여 명의 사람들이 경건한 모습으로 찬송가를 부르거나 일부는 고개를 숙이고 기도하고 있었다. 이런 분위기에 익숙하지 못한 나는 두리번거리며 주위를 살폈다. 옆에 있던 마누라를 보니 고개를 숙이고 기도를 하고 있었다. 나도 얼른 고개를 숙이고 기도하는 시늉을 했다. 잠시 기도 흉내를 내고 있는 데 작은 종소리가 나더니 목사님의 기도로 예배가 시작되었다. 예배시간은 약 한 시간 정도였다. 예배가 끝나자 목사님께서 우리 부부와 새로 오신 분들(새 신자가족 이라고 불렀음)을 일어나라 하시더니 교인들에게 소개 하시고 우리를 위해 기도까지 해 주셨다.

이렇게 공식적인 예배가 끝나고 나니 교인들이 자리에서 일어나 다정하게 서로 인사를 나누었다. 우리 부부는 눈이 마주치면 그냥 고개를 숙이며 웃는 것으로 인사를 가름했다. 밖으로 나오니 교인들이 점심을 먹기 위해 모두 줄을 섰다. 김 교수님 사모님이 우리더러 줄에 서라며 자리를 만들어 주었다. 줄에 서 있는데 안내하던 분이 오셔서 목사님께서 부른다고 했다. 우리 부부는 목사님이 계신 곳으로 가서 인사를 했다. 그 방에는 우리 부부 외에도 오늘 처음 나온 몇 분이 더 있었다. 긴 탁자에는 점심까지 준비되어 있었다. 목사님과 이야기를 나누며 점심을 먹고 난 우리 부부는 빠지지 않고 교회에 나오겠다는 약속을 하고 밖으로 나왔다. 밖으로 나오니 식사를 마친 교인들이 커피를 마시며 즐겁게 이야기꽃을 피우고 있었다. 김 교수님이 나를 보더니 오라고 손짓을 했다. 우리 부부는 김 교수 쪽으로 걸어갔다. 김 교수님 내외분이 그곳에 있던 교인들을 한 분 한 분 소개 시켜주었다. 이렇게 나는 교회라는 공동체사회의 일원으로서 입회식을 대충 끝냈다. 우리가 시애틀에 도착한 것은 크리스마스 때였으므로 시애틀의 날씨도 제법 추웠다. 날씨도 춥고 필요한 살림 장만과 연구 준비 등으로 몇 주를 바삐 보내느라 교회서 만난 사람들과는 자주 접촉을 하지 못했다.

겨울이 지나고 봄의 소리가 들리는 3월의 어느 주일이었다. 교회에 나간 우리 부부는 어떤 교인의 집에 초대를 받았다. 초대라기보다는 심방이라는 것을 나중에 알았다. 심방을 가보니 여러 가족들이 친 형제자매처럼 화기애애하게 얘기를 나누고 있었다. 우리 부부가 도착하니 모두 일어나 반갑게 맞아주었다. 물론 김 교수님 가족과 동행이었다. 그 집에서 만난 사람은 일곱 가족쯤 되었다. 그 사람 중에 교회에서 안내를 하던 사람도 나와 있었다.

거실에서 서로 통성명을 하고 식당으로 들어갔다. 식당에 들어가니 식탁에는 사모님들이 모여 정성껏 마련한 음식이 먹음직스럽게 놓여 있었다. 청년 회장을 맞고 있던 권회장의 간단한 기도가 있었고, 기도가 끝나고 나서 제각기 앞에 놓여있던 맥주잔을 버드와이저 맥주로 채웠다. 그리고 그들 중에서 가장 연장자였던 홍성지 집사님의 선창에 따라 시원한 맥주로 우리 만남을 축하했다. 한 잔 두 잔 마시며 얘기꽃을 피우다 보니 서로 친밀감이 생겼다. 그 날 모인 사람 중에서는 우리 부부가 가장 연장자였다. 조선 팔도강산에서 다 모인 사람들이라 구성원의 고향과 나이가 서로 다 달랐다. 한잔 두잔 나누던 우리는 누가 먼저랄 것도 없이 형제의 정을 나누었다. 그날 모인 사람은 홍 집사와 권 회장을 제외하고도 보잉사에 다니는 김인대, 박현민, 우체국에 다니는 김청락, 영화감독을 하다가 이민 왔다는 박 감독, 무술을 잘하여 경찰을 대상으로 무술 교육을 하는 연 집사 등이 잔을 들어 형제의 예를 표했다. 통성명을 하고 나서 보니 김청락씨가 교회 앞에서 안내를 하던 쌍둥이 아빠였다. 그날 대면하여 대화를 나눠 보니 첫인상과는 너무나 다른 사람이었다. 마음씨는 비단결 같았고 나긋나긋하기는 숨겨 둔 마누라 같았다. 정말 겉 다르고 속 다른 사람이었다. 그날부터 우리 부부는 쌍둥이 엄마 아빠와 친하게 지내게 되었다. 내가 무슨 부탁만 하면 만사를 젖혀놓고 달려와 도움을 주었다. 하도 열심히 도움을 주셔서 미안한 마음에 쌍둥이 아빠 앞에서는 차마 필요한 것이 뭐다는 말도 할 수 없었다.

쌍둥이 아빠와 엄마는 두 분 다 우체국에 근무하였다. 우체국의 일은 근무시간이 일정하지 않았다. 어느 날은 오전에 근무하기도 하고 어느 날은 밤 근무를 하기도 했다. 직장 일 하랴, 애들 돌보랴, 집안일 하랴, 자기 일도 매우 바쁜 사람들이었다. 그런데도 교회 일은 물론 온 교인들의 일을 해결해 주는 해결사이기도 했다. 쌍둥이 아빠의 한국 이름은 김청락 이었고, 미국 이름은 청 킴(Chung Kim)이었다. 이런 좋은 이름을 두고도 그는 쌍둥이 아빠로 불러주기를 바랐다. 그래서 우리도 쌍둥이 아빠라고 불렀다. 쌍둥이 엄마는 우리나라에서 초등학교 선생을 하다가 이민을 왔다고 했는데, 아빠 보다 더 착하고 아름다운 마치 천사 같았다. 자기보다는 남을 배려하는 교민사회에서는 보기 드문 현모양처였다. 쌍둥이네 집에는 언니 하나가 있었다. 쌍둥이 아빠 말에 의하면 첫 딸을 낳았기에 아들을 낳으려고 노력을 많이 하고 낳았는데, 낳고 보니 기도가 너무 간절했는지 딸 쌍둥이를 낳게 되었다고 했다. 쌍둥이 아빠는 이 쌍둥이를 얼마나 이뻐 했는지 자기 이름을 두고도 쌍둥이 아빠라고 불리는 것을 영광으로 생각하고 있는 것 같았다.

시간이 지남에 따라서 나와 쌍둥이 아빠는 시간만 나면 만나 운동도 같이 하고 여행도 같이 하며 많은 대화도 나누었다. 마치 친 형제 같은 생활을 했다. 정들자 이별이라고 했던가? 이렇게 서로 정들만 하니 약속된 일 년이 바람처럼 지나갔다. 감당할 수 없을 정도로 사랑을 받고 살다가 아무 보답도 못하고 떠나야 했다. 비록 짧은 시간이었지만 서로 지지고 볶고 하다가 헤어지자니 섭섭함이 이루 말할 수 없었다. 이래서 불가에서는 정을 주지 말라고 했나 싶었다. 이별이 아쉬워 헤어지기 몇 주일 전부터는 이집 저집의 초대를 받다보니 집에서 거의 밥 해먹을 날이 없었다. 우리는 다시 또 만나자는 기약 없는 약속을 하고 눈물의 이별을 했다. 정이 많던 쌍둥이 아버지를 비롯하여 많은 형제들이 공항까지 나와 눈물로써 배웅을 해주었다.

서울에 돌아 와서 거의 일 년 동안은 하루가 멀다 하고 전화를 해댔다. 우리 부부는 두고 온 형제들이 너무 보고 싶어 다음 해 여름 방학을 이용하여 다시 시애틀에 갔다. 정말로 형제들이 사랑으로 우리 부부를 반겨 주었다. 형제들에게 부담을 조금이라도 덜 주기 위해 우리 부부는 시내에 있는 호텔에 방을 잡았다. 이 사실을 안 쌍둥이 아빠와 엄마는 이런 경우는 없다면서 호텔로 찾아와 우리 짐을 들고 자기 집으로 갔다. 어쩔 수 없이 우리는 시애틀에 머무는 2주 동안 쌍둥이 집에서 신세를 졌다. 미국의 집들이 대부분 그렇듯이 쌍둥이네 집도 이층집으로 내 눈에는 큰 집으로 보였다. 쌍둥이 아빠와 애들은 일층에서 지낸다며 이층 방을 우리에게 주었다. 우리에게 내준 방은 호텔의 VIP 룸 같았다. 며칠 지나고 나서 안 일이지만 우리에게 내준 방은 다름 아닌 쌍둥이 엄마와 아빠가 사용하던 안방이었다. 우리가 지냈던 침대 머리에는 다음과 같은 내용의 부부십계명이 붙어있었다.

(1) 자기 짝이 세상에서 제일임을 믿어라.
(2) 사랑을 표현하라.
(3) 항상 주의하라.
(4) 다 이야기하라.
(5) 잘못의 책임을 자기가 져라.
(6) 칭찬하기를 잊지 마라.
(7) 그날의 문제는 잠들기 전에 해결하라.
(8) 부부만의시간을 가져라.
(9) 함께 기도하라.
(10) 그리스도께 가까이 가라.

그 십계명은 그리스도 교인으로 이들의 사랑을 지켜주는 맹세였다. 나는 조용히 이 구절을 수첩에 적어왔다. 그리고는 훗날 내 제자의 주례사에 이 구절을 넣어 주례사를 해 주었다. 이런 인연은 몇 년 계속

되었다. 그러나 눈에서 멀어지면 마음에서도 멀어진다는 서양 속담처럼 시간이 흘러가며 소식도 뜸해지기 시작했다. 헤어지고 몇 년 뒤에 쌍둥이 엄마가 몸이 몹시 좋지 않다는 소식을 들었다. 나는 자주 전화를 해서 쌍둥이 엄마와 대화를 했다. 시간이 나면 편지를 써서 보내기도 했다. 다른 사람의 전화는 받지 않아도 불편한 몸이지만 내 전화는 꼭 받았다. 나는 진심으로 쌍둥이 엄마가 건강을 회복하기를 기원하며 기도를 했다. 시간이 지나 몸이 더 불편하여 형제들이 살고 있는 시카고로 이사 갔다는 소식을 끝으로 연락이 두절되었다. 가슴이 많이 아팠다. 목소리라도 한번 듣고 싶어 수없이 연결해보려 노력했으나 아직까지도 연락이 없다. 어느 하늘아래 살고 있든지 우리 잊지 말고 건강한 모습으로 살다가 죽기 전에라도 꼭 한번 만나볼 수 있기를 간절히 바란다. 요즘도 나는 쌍둥이 엄마는 더 오래 행복하게 살아야 한다고 하나님께 요청을 하고 있다.

베리 쏘리 세라

1998년 여름이었다. 미국에서 알고 지내던 이대우 장로 댁 사모님과 애들 그리고 이 장로 가게에서 일을 보던 여자 직원이 우리나라로 여행을 왔다. 같이 온 여자 직원의 이름은 세라(Sera)였다. 나이는 이십 대 후반으로 결혼은 하였는데 이번 여행은 남편과 동행하지 않고 혼자 왔다. 이 장로 사모님은 40대 초반으로 우리 집사람보다 몇 살 아래였다. 사모님은 훤칠한 키에 아름다운 미모, 언제나 웃음 띤 얼굴을 지으시며, 남에게 인정 많고, 사려 깊고, 화통한 분이셨다. 이런 분이시라 이곳 서울에도 우리 못지않게 친분을 유지하며 언니 동생하며 지내는 분들이 많았다. 그래서 이 장로님 댁 식구를 한번 모시려 해도 서로 모시려 해서 대접하기가 어려웠다. 그러던 중 어렵사리 이런 분을 모시고 저녁식사를 할 수 있는 영광을 얻게 되었다.

나는 외국에서 오래 나가 사시다 오신 분들에게 추억에 남을 음식을 대접하고 싶었다. 그런 생각에 내가 시애틀에서 먹어보지 못했던 민물 매운탕 생각이 났다. 팔당대교 근처에는 옛날부터 유명한 민물 매운탕집이 있었다. 검단산을 등산하거나 친구들과 모임을 가질 때 매운탕 집에서 자주 모였다. 자주 가다보니 단골집도 생겼다. 나는 이 장로님 가족을 모시고 단골집으로 갔다. 한강과 팔당대교가 눈 아래 보이는 2층 방에 자리를 잡았다. 조금 기다리니 알고 있던 아주머니가 물병과 유리컵을 가져 와서 인사를 했다. 그리고 무엇을 먹겠냐고 주문하라고 했다. 우리는 먹기에 편할 것으로 생각되는 메기매운탕을 시켰다. 조금 있자 아주머니는 상다리가 휠 정도로 많은 음식을 가져다 상에 놓았다. 우리는 이야기꽃을 피우며 음식을 먹기 시작했다. 세라는 처음 먹어보는 음식에 관심이 많았다. 그리고 이것저것 맛보며 여러 가지 인상을 지어 보였다. 그녀의 인상만 봐도 그녀가 어떤 음식을 좋아하고 싫어하는지를 금방 알 수 있었다.

한참 후에 우리가 주문했던 메기 매운탕이 먹음직스럽게 큰 냄비에 담겨 있었다. 매운탕을 들고 온 아주머니는 매운탕은 이미 주방에서 끓여서 가져왔다고 했다. 그러면서 상위에 놓여 있던 가스렌지에 불을 붙이며 끓기 시작하면 드시라고 했다. 조금 후에 매운탕은 다시 보글보글 소리를 내며 끓기 시작했고, 온 방에는 비릿하면서도 고소한 매운탕 냄새가 진동을 했다. 이미 우리 입 속에는 조건 반사에 의해 침이 가득 고이기 시작했다. 매운탕이 어느 정도 끓은 다음 나는 기사도 정신을 발휘하여 접시에 매운탕을 퍼서 주었다. 다들 옛날을 생각하며 맛있어 하는데 유독 한사람이 어쩔 줄을 모르고 있었다. 바로 세라였다. 우리들은 세라에게 이 스프는 메기(Sheatfish)로 만든 것이라며 있는 정성 없는 정성 다 들여가며 메기 매운탕에 대해서 영어로 설명을 했다. 그리고 먹는 방법도 알려 주었다. 그랬더니 세라도 조심스럽게 맛을 보더니 맵고 뜨겁지만 땀을 펄펄 흘리며 곧잘 먹었다.

메기를 다 먹고 이제 냄비에는 메기 머리와 야채만 남아 있었다. 나는 열심히 음미하면서 고생고생하며 먹는 연습 중인 세라를 향해 메기 머리를 집어 들어 보이며 이게 뭔지 아느냐고 물었다. 세라가 알리가 없었다. 나는 조금 있다가 메기의 입이라고 했다. 그러자마자 세라는 입을 손으로 막으며 번개같이 튀어 나갔다. 10여분을 기다려도 세라는 오지 않았다. 나는 슬슬 걱정이 되었다. 음식에 무슨 문제가 있었는지 아니면 속이 갑자기 뒤집히기 시작했는지 걱정이 되기 시작했다. 20여분 후에 세라는 얼굴이 벌개져서 돌아왔다. 우리는 걱정이 되어서 무슨 일이 있었느냐고 물었다. 세라에게 분명히 무슨 일이 있었던 것 같은데 세라는 아무 일 없었다고 대답했다. 조금 후에 후식을 먹고 우리 만찬은 그렇게 끝이 났다. 그 날 밤은 모두 우리 집에서 하루를 묵고 이 장로님 식구들은 미국으로 돌아갔다.

돌아간 뒤에 이 장로님으로부터 고마웠다는 내용의 전화가 왔다. 전화 말미에 세라가 매운탕을 먹다가 죽을 뻔 했다는 이야기를 했다. 사연은 이러했다. 매운탕을 먹다가 이교수님이 탕 속에서 찹스틱(젓가락)으로 무슨 시커먼 것을 집어 올리더니 세라에게 '이게 뭐냐고 물었다면서요?' 세라가 모른다고 했더니 이 교수님께서 '쥐' 라고 그랬대요. 그래서 속이 역겨워 바로 화장실에 가서 다 토하고 난리를 쳤다는 것이었다. 그제야 문제의 발단이 생각이 났다. 나는 냄비에 남아있던 메기의 입을 집어 들고 세라에게 "고기의 입(mouth of fish)"이라고 말을 해 주었는데 세라는 내가 한 말 중에서 생쥐(mouse)라고 한 줄 알고 기겁을 했던 것이었다. 그 말을 듣고 나는 바로 이 장로님께 내 영어 발음이 나빠서 생긴 거니 대단히 미안하다는 말을 세라에게 전해 달라고 했다. 이 장로님도 상황을 깨달으시고 한참 웃으시더니 세라에게 당장 이야기 해 줘야겠다고 했다. 그 때까지 세라는 그 때 먹었던 매운탕을 생쥐를 넣고 끓인 줄 알고 그 생각을 하면 속이 울렁거린다고 했다. 친절이 병이 될 줄이야 꿈엔들 알았겠어요. 세라 미안해요. 내가 mouth와 mouse의 발음을 잘못해서 생긴 일이니 용서해 줘요. 이제 그런 친절은 절대 베풀지 않을 거니 언제 한 번 다시 놀러 와요!

전철에서 생긴 일

나는 전철을 매일 이용하지는 않지만 술을 마시거나 강남에 모임이 있는 경우에는 즐겨 이용한다. 직접 운전을 하지 않는 이유는 서울에서 40여년을 살고 있지만 아직도 강남의 지리를 잘 모르기 때문이다. 또한 더 큰 이유는 차가 막혀 제시간에 맞춰 가기가 쉽지 않기 때문이다. 전철을 이용하면 어떤 대중 교통수단보다 빠르고 저렴하기도 하다. 또한 전철을 이용하는 각양각색의 사람들을 구경하는 것도 빼놓을 수 없는 볼거리다.

오늘은 강남에서 저녁모임이 있어 전철을 탔다. 대부분 강남을 오가는 전철은 손님이 많아 재수가 좋아야 자리에 앉아 갈 수 있는 행운이 따른다. 그런데 웬일인지 전철 안에 사람이 많지 않았다. 아마 퇴근하기 이른 시간이라 사람이 없어 보였다. 나는 웬 횡재냐 하는 생각을 하며 여유 있게 자리를 잡았다. 주위를 둘러보니 그 넓은 공간에 나를 포함해서 고작 대 여섯 명의 승객이 전부였다. 그리고 내 바로 앞에는 나보다 좀 젊어 보이는 아주머니 한 분이 다소곳이 앉아 사색에 잠겨 있었다. 이런 분위기는 시선을 둘 곳도 마땅치 않아 나는 전철 내부에 부착되어 있는 광고를 두리번거리면서 읽고 있었다.

여기저기 두리번거리고 있는데 갑자기 눈이 가렵기 시작했다. 한참 동안 눈을 비벼대도 계속 가려웠다. 눈이 벌게지는 느낌을 받았다. 한참을 비벼대다가 잘못하면 덧 날 것 같은 생각이 들었다. 긁어 부스럼이라고 예전에도 손으로 눈을 비벼대다가 눈병을 얻어 고생한 일이 생각나 손으로 비벼대는 것을 멈췄다. 그런데도 계속 눈이 가려웠다. 나는 손으로 비벼대는 대신 할 수 없어 눈을 깜작거리며 가려움을 달랬다. 아무 생각 없이 계속 눈을 깜박거리는데, 내 바로 앞에 앉아 있던 아주머니의 얼굴이 발개지면서 나를 흘끔 흘끔 곁눈질을 하고 있는 것 같았다. 나는 아무 생각 없이 가려움을 달려보려고 안간힘을 다해 눈을 더 깜박거렸다. 그런데 앞에 앉아 있던 아주머니는 무슨 물건을 잃어버린 사람처럼 더욱 안절부절 하였고, 나는 계속하여 눈을 깜박거리고 있었다. 그런데 갑자기 아주머니가 자리에서 일어나더니 내게로 다가 와서는

"아저씨 뭐 하는 짓이 에요?"

라며 큰 소리로 내게 항의를 했다.

아닌 밤중에 홍두깨라더니 나는 순간 아주머니가 왜 그러는지 추호도 눈치 채지 못했다. 내가 어이가 없어

"왜요? 무슨 일 있어요?"

라며 더 놀랜 모습으로 물었다. 그러자 그 아주머니가 내게

"몰라서 물어요?"

라며 앙칼진 목소리로 쏘아 붙였다. 그러고는

"웬 별사람 다 보았네!"

하며 자리를 떴다. 저 여자가 왜 저러지? 나도 하도 이상해서

"뭐 저런 여자가 다 있어?"

하고는 내가 뭘 잘 못했는지 생각해 보았다. 아차! 그거였구나! 순간 나는 속으로 웃음이 터져 나왔다. 그래 내가 눈이 가려워 계속을 눈을 깜박거리는 것을 그 아주머니는 내가 자기를 향해 윙크를 보내는 것으로 오해했던 것이었다. 생면부지의 남자가 전철에서 마주 앉아 계속 윙크를 보내고 있었으니 당황한 나머지 그랬었구나 하며 뒤늦은 반성을 했다. 아주머니는 이미 자리를 뜬 뒤라 변명이나 오해를 풀 수가 없었다. 아주머니 미안해요. 절대로 아주머니를 어떻게 해보려고 윙크한 것이 아니라 내가 눈이 가려워서 한 짓이니 오해 푸세요!

부지깽이 사랑

제 4 부 사랑이 밥 맥여주냐?

사랑이 밥 멕여주냐?

나는 어려서부터 사랑에 관심이 많았다. 사랑에 굶주리며 살아서 그런지 모르겠다. 어쩐지 사랑이라는 말 자체가 어느 말보다 아름답게 들렸다. 대학 입학시험에 낙방하여 집에 있던 어느 날이었다. 어머니와 단둘이 방에 있는데 따기 할 말도 없고 해서 나는 한창 유행하던 남진이 부른 '사랑은 눈물의 씨앗' 이라는 노래를 불러 재꼈다.

사랑이 무어냐고 물으신다면
눈물의 씨앗이라고 말하겠어요.
어느 날 당신이 나를…….

노래를 듣고 계시던 어머님은 "사랑이 밥 멕여주냐?" 며 핀잔을 하셨다. 어머님은 내가 여자 때문에 대학에 떨어졌다고 생각하고 계셨다. 순간 나는 눈이 번쩍 뜨였다. 그래 사랑이 밥 먹여주는 일은 없을까? 어머님 말씀이 귀에 거슬리는 게 아니라 내 가슴에 큰 질문을 던져주었다. 사랑이 밥을 먹여줄 수 없는 것인가? 이 물음은 내가 지금까지도 가슴에 품고 사는 화두가 되었다.

대학을 졸업하고, 직장도 잡고, 예쁜(내 눈에는) 색시 만나 집도 사고 살다보니 사랑이라는 화두가 머리를 떠나있었다. 있는 것도 없고 없는 것도 없고, 잘난 것도 없고 못난 것도 없고, 예쁜 것도 없고 미운 것도 없고, 사는 것도 없고 죽는 것도 없다는 고 성철스님의 말씀을 빌리니 사는 것이 별게 아니었다. 스님의 말씀대로라면 먹은 것이나 먹지 않는 것이 같고, 사랑하는 것이나 미워하는 것이 같을 테니 사랑할 일도 없고 먹을 일도 없다. 그리고 사랑이 밥 먹여 주는 것이나 밥을 먹여 주지 않는 것이나 같을 것이니 내가 생각하고 있는 것이 모두 꽝(空)이 되고 말았다. 어머님 말씀대로 사랑 타령을 한다고 해서 돈이 나오는 것도 아니어서 잊고 살았다.

1998년 친구 덕에 모 백화점에서 운영하는 문화 살롱에서 '사랑과 행복' 이라는 주제로 특강을 하게 되었다. 사랑이라는 단어나 행복이라는 단어를 주제어로 선택한다는 것이 여간 부담스러웠다. 그러나 주제와 일정이 확정된 뒤라 어쩔 수 없이 발표된 주제로 특강을 하기로 했다. 그 날 내 특강을 들은 사람이 많지 않아 불행 중 다행이었다. 나름대로 준비한 것을 가지고 주어진 2시간 동안을 떠들었다. 내 스스로도 만족하지 못한 특강이었다.

특강을 마치고 사무실에 들어가니 담당 직원이 수고했다고 하면서 봉투 하나를 내밀었다. 그 봉투는 강의료로 주는 것이라 했다. 얼마

되지 않는 돈이지만 받으시라고 했다. 음료수를 한 잔하면서 담당 직원과 몇 마디 이야기를 나누고 밖으로 나왔다. 궁금하여 밖으로 나오자마자 봉투 속을 들여다보았다. 봉투 속에는 십만 원짜리 수표 두 장이 들어 있었다.

특강이 있은 다음 날 나는 볼 일이 있어 고향에 내려갔다. 그리고 저녁에 어머님과 동생가족들을 불러 밖에서 저녁 식사를 했다. 식사를 마치고 난 다음 나는 어머님께 저녁 잘 드셨냐고 물었다. 어머님께서 맛있게 잘 먹었다고 대답하셨다. 어머님의 말이 끝나자 나는 어머님께, 어머님이 드신 저녁은 사랑이 먹 여준 밥이라고 했다. 어머님은 그 말이 무슨 말인지 잘 몰라 내 얼굴을 빤히 쳐다보셨다. 옛날에 어머님이 나더러

"사랑이 밥 먹여주느냐"

고 하셨지요?

"오늘 내가 사랑야기를 하고 받은 돈으로 저녁을 사드렸으니 사랑이 어머니 밥 먹여준 거예요?"

라고 했다. 그제 서야 생각이 나셨는지 어머님께서 빙그레 웃으시더니

"이놈은 별걸 다 기억하고 있다며" 핀잔을 주었다. 나는 오늘도 사랑으로 밥 먹고 살 수 있는 일을 찾아 노력하고 있다.

수덕사의 환희대(歡喜臺)

2000년 여름에 미국에서 알고 지냈던 이 장로님이 서울에 오셨다. 그 덕분에 이 장로님과 죽마고우였던 거산 스님을 알게 되었다. 운명의 장난인지 죽마고우로 자란 두 친구가 몇 십 년 만에 만났는데 한 분은 장로님이 되셨고, 한 분은 스님이 되셨다. 죽마고우가 만나니 종교의 벽도 금세 허물어졌다. 스님은 오랜만에 서울에 온 친구를 데리고 4박 5일 여행을 가자고 했다. 이 장로님과 스님 내 외분 그리고 우리 가족이 동행하기로 하였다. 스님에게 사모님이 있는 것은 스님이 출가하기 전에 같이 사셨던 분으로 출가하면서 이혼한 사이였다. 그러나 그분들 사이에 자식들이 있어 이혼 후에도 스님과 교인 사이로 자주 동행하는 사이였다. 나는 여행을 하면서 가끔 유명 사찰에 들른 적은 있어도 스님과 동행하여 사찰을 여행한 적은 없었다. 평소에 절에 대한 궁금증이 많았던 터라 호기심과 기대로 가득 차 여행길에 올랐다. 산사에는 부는 바람이 좋고, 욕심 없이 사는 스님의 마음이 좋고, 비린내 나지 않는 절밥이 좋아 스님과 동행하는 일이 즐거웠다. 일정은 무주구천동에 있는 백련사를 거쳐 지리산 쌍계사, 장성의 백양사, 김제 금산사를 돌아 여승들이 수행하고 있다는 수덕사를 여행하기로 했다.

원래 부유한 집안에 태어난 스님은, 비록 스님의 몸이긴 했어도 우리가 보기에는 여유 있는 삶을 살고 있었다. 스님은 승용차도 좋은 고급스러운 차를 몰고 다니셨기에 여행에서 스님의 차를 이용하기로 했다. 처음 무주구천동에 있는 백련사로 갔다. 대부분 유명 사찰에는 입구에 주차장이 있어 차를 주차시키고, 적게는 몇 백 미터에서 많게는 몇 킬로를 걷는 것이 보통이었다. 그런데 스님의 차는 무사통과로 산속 깊이 있는 절 앞마당까지 갈 수 있었다. 스님 신분증이 있으면 우리나라 어느 사찰이든지 차를 몰고 그것도 입장료도 없이 통과할 수 있는 특권(?)이 있다는 것도 알게 되었다. 등산객들은 땀을 뻘뻘 흘리며 걸어가는데 우리는 차속에 앉아 먼지를 일으키며 가는 것 때문에 미안한 마음도 없지 않았다. 가는 곳마다 극진한 대접을 받았다. 불가에서 말하는 생전에 어떤 인연이 있어 부처님의 은덕을 입는 것 같은 생각이 들기도 했다.

지리산의 쌍계사, 장성의 백양사, 김제의 금산사를 돌아 여행을 하고 꼭 한번 방문하고 싶었던 수덕사로 향했다. 김제 금산사를 둘러보고 수덕사로 향하면서 나는 여러 가지 생각을 했다. 특히 수덕사에는 유명한 일엽스님이 사시던 곳이었다. 파란만장한 삶을 살다 가신 일엽스님은 시인으로도 유명하여 나도 잘 알고 있는 시가 있었다. "당신은 나에게 무엇이 되었삽기에" 라는 시였다. 눈을 지그시 감고 몇 구절을 읊어 보았다.

당신은 나에게 무엇이 되었삽기에
살아서 이 몸도 죽어서 이 혼까지도
그만 다 바치고 싶어질까요

보고 듣고 생각은 온갖 좋은 건
모두 다 드려야만 하게 되옵니까?

혼마저 합쳐진 한 몸이건만
그래도, 그래도 그지없이 아쉬움 그지 남아요
당신은 나에게 무엇이 되었삽기에?

충청도 예산읍을 거쳐 오후에 수덕사에 도착하였다. 스님의 안내로 뜻하지 않게 일엽스님께서 기거하셨던 환희대(방)를 방문할 수 있었다. 화려하지 않지만 추하지 않고, 넓지는 않지만 좁지도 않고, 오가는 사람은 많았지만 결코 소란하지 않은 일엽스님의 방이었다.

방에는 일엽스님이 쓰시던 몇 가지 유물이 있었고, 방 바로 앞에는 산죽이 자라서 병풍처럼 처져있어 마치 깊은 죽림에 앉아 있는 느낌이었다. 일엽스님이 쓰시던 방에 조금 앉아 있자니 승복을 단정하게 차려 입은 젊은 여승이 향이 그윽한 차와 한과 몇 조각을 가지고 왔다. 우리를 안내해 주시던 방장스님 같은 원로 스님이 우리와 같이 차를 마시며 다정다감하게 일엽스님에 대한 생전의 일화를 이야기를 해주셨다. 그리고 우리의 방문을 기념하기 위하여 일엽스님의 시집 한 권을 주었다. 후덕한 대접에 고맙다는 인사를 드리고 방을 나와 수덕사 경내를 구경하였다.

바람 소리도 조심스러워 비켜가고 새마저 미안해 소리 내어 울지 못할 정도로 엄숙한 공간이었다. 숨소리마저 가다듬고 수덕사 품에 앉기니 세파에 찌든 마음이 샘물에 씻긴 듯 시원했다. 계단을 내려와 마당에 들어서니 석등과 함께 일엽스님의 마음과 같이 작은 연못이 하나 자리 잡고 있었다. 연못이라고 하기에는 너무 거창하고, 마치 대야처럼 작은 옹달샘 같았다. 가만히 다가가 그 속을 들여다보니 한 폭의 수련이 수줍은 듯 예쁜 꽃을 이고 힘겹게 발을 담그고 있었다. 생전에 일엽스님의 자비로운 미소를 보는 듯싶었다.

그 후로 나는 여행 중에 기회가 있을 때마다 산사에 들러 심신을 내려놓곤 하는 버릇이 생겼다.

말로 할 때 잘해라 이~잉

우리 민족은 다른 민족에 비하여 예나 지금이나 부모님들의 교육열이 대단한 것으로 잘 알려져 있다. 끼니는 굶어도 훈장님 강사료는 빠뜨리지 않았던 선조의 정신이 오늘날까지 전해 내려 온 우리 민족의 코드였는지도 모를 일이다. 나도 초등학교 다닐 때 학교에 가지 않겠다고 떼를 쓰다 어머님한테 십 리 길이나 되는 학교까지 쫓겨 갔던 기억이 있다. 이렇게 교육열이 대단한 민족이 일본 제국주의와 6·25라는 전쟁을 거치며 많은 사람들이 배움의 기회를 놓쳤다. 그 결과 배우지 못한 사람들의 한은 더욱 깊을 수밖에 없었다.

어느 시골 마을에 가정이 어려워 배우지 못한 한 젊은이가 있었다. 그 젊은이는 나이가 들어가면서 배우지 못한 자신을 비관하며 살았다. 성장하여 예쁜 마누라 얻고 아들과 딸을 낳아 자식들을 잘 가르쳐 보려고 밤낮 없이 일을 했다. 아버지의 바람대로 애들은 무럭무럭 잘

자랐다. 그리고 애들도 성장하여 학교에 다니게 되었다. 그런데 아들놈이 아버지의 애간장을 녹였다. 어떻게 해서라도 자기의 못 배운 한을 풀어 보려고 정성을 다했지만 아들 놈은 아버지의 뜻을 헤아리지 못했다.

하루는 아버지가 아들을 불러 몇 가지 덧셈과 뺄셈을 물어 보았다. 초등학교 고학년이 된 아들에게 아버지는 최소한 이 정도는 알겠지 하는 생각에 물어본 것이다. 그런데 아들놈이 문제를 붙잡고 한참 만에 내 놓은 답은 못 배운 아버지가 봐도 한심하기 그지없었다. 아들놈의 머리를 한 대 주어 박고는 이번에는 더 쉬운 문제를 풀어 보도록 했다. 그런데 아들놈은 그 문제마저도 풀지 못하고 엉터리 답을 쓰고 있었다. 화가 머리 끝까지 치민 아버지는 빡빡 빨고 있던 벌겋게 달아오른 담배 불을 아들 머리에 비벼 꺼버렸다. 그러면서

"어이구! 이런 멍청한 놈"

하시면서 밖으로 나가버렸다.

얼마나 화가 났으면 그랬을까? 아니 얼마나 아들에 대한 기대가 컸으면 그랬을까? 아들은 아버지의 노도 같은 노여움에 기가 죽어 담배불을 비벼 끈 머리 부위를 손으로 감싸고 울고 있었다. 엄마가 밖에서 돌아와 울고 있는 아들을 보자 아들 머리에 깊은 상처가 나있었다. 아들로부터 사건의 전말을 들은 엄마는 아버지에 대해 육자배기로 욕을 퍼붓기 시작했다.

"콩 심은데 콩 나고 팥 심은데 팥 나지 콩 심은데 팥 나더냐."

며 자기 남편을 당장 잡아 족칠 기세를 보였다. 그 날은 가족 전쟁으로 저녁식사를 거르는 대형사고가 났다. 세월은 흘러 그 아들이 어

른이 되어 아빠가 되었다. 자기 아들을 가르치면서 자기 머리에 난 상처를 보이며 하는 말이 걸작이었다.

"사랑하는 아들아 네게는 나와 같은 영광의 상처를 남기고 싶지 않다. 말로 할 때 잘해라. 응?"

30만 원짜리 아들

2002년 어느 겨울 날 나는 일이 있어 직장에서 마포까지 택시를 타게 되었다. 한참 가다가 기사님이 내게 "같은 방향이면 합승을 해도 되겠느냐."고 물었다. 보통 택시 기사 분들은 얘기도 하지 않고 합승을 하거나 합승해 놓고 "미안합니다." 라고 말하는 것이 보통이었는데 손님을 태우기 전에 먼저 탄 손님의 의견을 묻는 마음이 가상해서 그러시라고 동의를 해 주었다. 해주지 않으면 어떤 일이 벌어질지 궁금해서 반대해보고 싶었는데 기사 분들이 고생한다는 이야기를 많이 들어 그렇게 말할 용기가 나질 않았다. 말이 끝나기가 무섭게 택시가 서더니 뒷좌석에 초등학생으로 보이는 두 아들과 그 엄마를 태웠다. 차문 닫는 소리가 '꽝' 하고 나더니 아주머니가 "고맙습니다."라고 인사를 했다. 나는 택시를 타면 기사님께 세상 돌아가는 이야기를 물어보는 것이 취미였다. 그런데 그날은 생각할 일이 있어 조용히 앉아있었다.

한참을 달리다가 기사님이 심심했던지 뒤에 있는 애들에게 몇 살이냐고 물었다. 아주머니가 나이를 알려주었다. 그러고는, 나는 아예 의식도 않고 두 분이 죽이 맞아 여러 이야기를 주거니 받거니 하고 있었다. 그러다가 화제가 애들 교육으로 옮겨갔다. 두 분의 교육에 관한 대화는 애를 길러보지 못한 내게는 전문가가 라디오에 나와 대담을 하는 것 같은 수준의 대화로 들렸다. 이야기 도중 기사분이 아주머니에게

"큰 애는 얼마짜리예요?"

라고 물었다. 그랬더니 아주머니는 주저함도 없이

"30만 원이에요."

라고 대답을 했다. 그러고 나서는 다시

"둘째는 얼마짜리에요?"

라고 물었다. 아주머니는 기다렸다는 듯이

"20만 원짜리예요."

라고 대답을 했다. 나는 순간 아주머니가 애들을 상점에서 사가지고 가는 것으로 착각을 할 뻔했다. 그래서 아주머니에게

"애가 30만원 20만원 이라니 무슨 말씀이에요?"

라고 물었다. 그러니 그 아주머니가 내 뒤통수를 뚫어져라 쳐다보는 것 같더니

"아저씨는 애 안 키워요?"

라고 묻는 것이 아닌가? 대답대신 갑자기 질문을 받게 되자 나는 괜히 물어보았다가 본전도 못 뽑겠다는 생각이 들어 엉겁결에

"예…… 예."

하며 어정쩡하게 대답을 했다. 옆에 앉아있던 기사님이 상항을 파악했는지 우리 대화에 끼어들면서 나의 궁금증을 풀어 주었다.

"아이고! 사장님! 잘 모르시는 구나. 30만원 20만원이라는 말은 애들 학원비 이야기예요."

라고 했다. 그러자 아주머니가 보충 설명을 해주었다. 큰놈은 태권도와 영어 그리고 수학 학원을 다니는데 학원비가 월 30만원이 들고, 둘째 놈은 피아노 학원하고 미술 학원을 보내는데 월 20만원을 주고 있다는 얘기라고 설명해 주었다. 순간 딴 세상에 와 있는 것 같은 착각이 들었다. 세상 물정을 몰라도 너무 모르고 있구나 하는 생각에 어색한 분위기를 만회하려고

"나는 애들 값이 20만원 인줄 알고 한 명 살려고 했죠."

하며 농을 건넸다. 조금 후에 아주머니는 하차를 했다. 나는 기사 아저씨에게 아저씨는 집에 얼마짜리 얼마짜리가 있느냐고 물었더니 자기네는 애들이 다 크고 막내 놈만 남았는데 40짜리라며 한숨을 내쉬었다.

야용회의 전설

2003년 여름 이웃 일본으로 피서를 가기로 하고 네 가족이 계획을 세웠다. J 대학의 김 교수님 부부, 김 교수님 친구인 윤 사장님 부부, 그리고 S여대의 박 교수님 부부 그리고 우리 부부 등 모두 여덟 명이었다. 그런데 갑자기 박 교수님께서 사모님 친구 부부를 추천하여 열 명이 되었다. 박 교수가 추천한 분은 한의사를 하시는 박 원장님이셨다. 처음 여덟 명으로 인원을 구성한 것은 일본에 가는 길에 우리나라에 비해 상대적으로 비용이 저렴한 골프를 하려고 했던 것이다. 골프는 특별한 경우가 아니면 네 명이 한 팀을 구성해야 재미있는 운동이다. 따라서 사람의 수가 4의 배수여야 팀이 딱 떨어진다. 그런데 두 분이 더 참가하게 되어 열 명이 되니 편을 두 팀은 세 명씩 편을 짜야 하고 한 팀은 네 명으로 구성해야 하는 어려움이 생겼다. 그러나 일이 벌어진 이상 그렇게 하기로 하고 일본으로 떠났다.

목적지는 일본의 북쪽의 섬 혹카이도로 인천공항에서 비행기로 약 2시간 남짓 걸리는 거리였다. 여행을 하면서 몇 번 잠깐 들르긴 했어도 피서와 휴가를 즐기기 위해 찾은 것은 처음이었다. 가까운 나라였지만 이렇게 늦게 찾은 이유는 간단했다. 하나는 어려서부터 들어온 일본이라는 나라에 대한 좋지 못한 감정 때문이었고, 또 하나는 일본 사람이 우리나라 사람과 외형상 크게 다르지 않아 외국에 온 느낌이 미국이나 구라파 혹은 남쪽 나라를 가는 것보다 매력이 없었기 때문이었다. 비행기는 인천공항을 이륙한지 두 시간 반 후에 혹카이도 공항에 도착하였다. 우리 일행은 비행기에서 내려 지루한 입국수속을 마치고 공항 밖으로 나왔다. 그 날 따라 날씨가 매우 좋았다. 한 여름인데도 혹카이도 날씨는 우리나라 초가을처럼 시원하고 상쾌했다. 우리는 대기하고 있던 버스를 타고 곧장 골프장으로 갔다.

우리나라와 별반 다르지 않은 골프장에 도착하여 미리 짜놓은 대로 편을 갈라 운동을 시작하였다. 캐디는 나이가 많이 든 여자 할머니였다. 나는 일본이란 나라에서 일본인이 우리의 골프채를 끌고 심부름하는 모습을 보면서 격세지감을 느꼈다. 다름 아니라 1945년 해방이 되던 해 우리 백부님께서 징병으로 일본에 끌려 가 갖은 고생을 다 하셨다는 이야기가 생각이 났기 때문이었다. 나는 속으로 "백부님 저는 백부님 덕분에 여기 와서 돈을 주고 일본 사람을 캐디로 쓰면서 골프를 치고 있습니다."라고 말했다. 어쨌든 일본 땅에서 운동을 하고 저녁 시간이 되었다.

깔끔하기로 소문난 일식으로 저녁식사를 했다. 식사시간에는 저마다 오늘 있었던 사건과 느낌을 이야기하며 일본 정종(사케)과 맥주를 시켜 놓고 주거니 받거니 하면서 즐거운 시간을 보내고 있었다. 처음에는 사회적 체면 때문이었는지 점잖을 빼며 서로 내숭을 떨고 있다가 서로 몇 잔이 오가더니 일행은 모두 어느덧 죽마고우처럼 허물없이 지내게 되었다. 열 명이나 되는 일행이 한 잔씩 걸치고 일상생활에서 일탈된 상태에서 입담을 과시하니 그 분위기는 들뜬 섣달그믐 장날 같았다. 입이 건 분은 건대로, 점잖은 사람은 점잖은 대로 입담을 과시했다. 특히 특별 게스트로 참석하신 박 원장님 내외의 입담은 백미였다. 여럿이 모이니 입담도 시너지 효과 현상이 나타났다. 기억에서 잊었던 이야기들이 거미똥구멍에서 실 나오듯, 끊임없이 올드 버전과 뉴 버전이 번갈아 가며 나오고 있었다. 이야기가 끝나면 여기저기에서 배꼽을 잡고 숨 넘어 가는 사람도 있었고 박장대소를 하는 사람도 있었다. 태풍이 지나간 듯 일 막이 마무리 될 즈음, 잠시 조용해진 틈을 타 내가 박 원장님에게 우리 당숙이 옛날 한의사였다는 얘기를 꺼냈다.

나는 중학교를 당숙 댁에서 다녔는데, 그 당숙이 한의사였고 당숙은 찾아오는 손님들에게 관상도 봐주고 택일도 해주시고 음양오행에 일가견이 있으셨던 것 같다고 했다. 그러면서 혹시 박 원장님께서도 한 가닥 하시느냐고 물었다. 그러고는 옛날에는 집 천장에 쥐들이 많이 살고 있었는데 밤만 되면 쥐들이 천장을 뛰어다녀 시끄러워 밤잠을 설치기 일쑤였다. 그래서 너무 시끄러우면 우리 당숙께서는 일어나셔서 무슨 주문을 외웠고, 주문을 외우고 나면 정말로 쥐들이 조용해졌다고 했다. 나는 꽤 심각하게 얘기를 했는데 박 원장님이 바로 내 말을 받더니 자기도 그 주문을 알고 있다고 했다. 일행이 호기심으로 눈을 동그랗게 뜨고 박 원장님 입을 바라보았다. 그 순간 박 원장님 입에서 나오는 주문은 바로 "야옹"이었다. 박 원장님의 야옹하는 소리를 듣던 일행은 너나 할 것 없이 식탁을 손바닥으로 치며 다시 까무러졌다. 이렇게 주문 사건은 끝이 났다. 그런데 일행 중 예리한 관찰력과 상황분석이 좋으신 박 교수님 사모님이 즉석에서 제안을 했다. 우리 모임의 이름을 '야옹회'로 하자는 제안이었다. 우리 일행은 모두 박수로 찬성을 표시했다.

연세에 걸맞지 않게 컴퓨터를 잘 다루시는 박 교수님 사모님께서 서울에 돌아오자마자 야옹회 홈페이지를 만드셨다. 그리고 여행 중에 찍은 사진과 재미나는 이야기를 홈페이지에 올려 추억을 새롭게 했다. 그 후 홈페이지는 우리 모임의 가정에서 일어나는 크고 작은 일들을 소상히 전달하는 메신저역할을 잘하고 있다. 야옹회는 구성원의 열렬한 성원에 힘 입어 날로 새로워지고 있다. 또한 우리의 행복한 미래를 위해 더 큰 믿음과 사랑 그리고 기쁨을 준비하고 있다.

제 5 부 알쏭달쏭 사랑 이야기

어머니와 아내 사이

나이 들어 마누라에게 책을 잡히면 늙은 말년이 순탄치 않다는 데, 이런 글을 썼다가 그런 빌미를 줄까 겁이 난다. 그러나 사실을 사실답게 이야기 하지 못하면 천추에 한이 될 것 같아 천기를 누설하기로 했다. 이 세상에서 남자에게 가장 영향을 많이 끼치는 두 여자를 대라면 나는 당연히 한 분은 어머니이고, 또 다른 한 사람은 마누라라고 말할 것이다. 나는 나와 같은 생각을 하는 사람이 많을 것이라고 믿는다.

어머니는 결혼 전에 내게 가장 막강한 영향을 주었다. 그러나 결혼 후에는 마누라의 희로애락이 나의 희로애락과 밀접한 관계를 갖게 되었다. 마누라가 울면 나도 슬픈 척이라도 해야 하고, 마누라가 기쁘면 나도 덩달아 웃어라도 주어야 속이 편하다. 마누라가 노하면 눈치라도 봐야 끼니를 제대로 얻어먹을 수 있다. 마누라의 잔잔한 파도는 내게 큰 파도가 되어 오기도 한다. 이처럼 마누라와 나는 감정까지 공유

해야 한다.

결혼을 하여 어머니의 품을 떠나 살아도 때로는 어머님의 손맛이 밴 된장찌개가 그립다. 그러나 마누라가 좋아하는 겨자 맛을 같이 보지 않을 수 없다. 나는 어머님은 마음에 품고 살고 마누라는 품에 안고 산다고 생각한다. 어머니는 나를 안았던 분이시고, 마누라는 내가 안아야 할 사람이다. 어머니는 내가 떠난다고 해서 헤어질 수 있는 사람이 아니나, 마누라는 내가 떠나면 바로 남남이 될 수 있는 사람이다. 어머니와 아내는 같은 여자이면서 내겐 같은 여자가 아니다.

지금은 늙어 백발이 성성하고 얼굴엔 지난 고난의 그림자가 깊게 드리워져 있어도 어느 때 어느 곳에 있은 들 잊을 수 없는 분, 계셔도 보고 싶고 세상을 떠나도 보고 싶은 분이 어머님이시다. 어머님은 내 생명을 주신 분이시며, 마누라는 내 후손의 생명을 만들 사람이다. 어떻든 두 여인의 위상과 역할을 직접 비교한다는 것은 잘못된 일이라 생각한다.

그러나 요즘에 와서 내가 두 여인 사이에 존재하는 큰 차이점 하나를 발견하였다. 어머니는 내게 식은 밥이 있어도 따뜻한 밥을 지어주시지만, 마누라는 식은 밥이 있으면 먼저 먹어 치우게 하는 그 점이 두 여인의 큰 차이점이었다. 어머니는 지금도 아들을 보살펴야 할 사람으로 인식하시고 계시지만, 마누라는 내가 보살펴야 할 사람이기에 그렇다고 생각한다. 어머니는 나를 생의 목적으로 생각하시지만 마누라는 나를 수단으로 생각하고 있는 느낌이다. 마누라가 이 글을 읽으면 난 또 하루가 괴로울지 모르겠다.

까치밥의 애사

나는 감나무가 많은 시목동(柿木洞)이라는 마을에서 어린 시절을 보냈다. 한자로 된 동네 이름을 풀어보면 감나무 골이 된다. 동네 이름처럼 내가 살던 마을은 감나무가 많았다. 감나무 종류도 가지가지다. 익으면 감 껍질에 먹물이 든 것 같이 까만 얼룩이 지는 먹시를 비롯하여, 팔월에 익는다고 팔호시, 뾰쪽하게 생긴 것이 익으면 어른 주먹만한 장두감, 달기가 설탕 같고 맛이 그만이나 너무 물러서 손으로 살짝 누르기만 해도 터져버리는 수수감, 양반이 즐겨먹었다는 반시감, 임금님께 진상했다는 고등시 등 그 이름도 다양하다.

모든 감들은 서리가 내리면 가장 맛있게 익는다. 그리고 수확에 들어간다. 대개 옛날 시골 감나무들은 집안이나 밭도랑 가에 자리 잡고 있는 경우가 대부분이었다. 감나무는 크고, 감은 높은 곳에 달려있기 일쑤였다. 키가 큰 어른들도 감 따는 일은 고역으로 생각했다. 그리고 언제부터 시작되었는지 모르지만 감나무 꼭대기에 달려있는 몇 개의 감은 따지 않고 남겨두는게 전통처럼 굳어 있었다. 이름 하여 까치밥이라고 불렀다. 앙상한 감나무 끝에 매달려 있는 빨갛게 익은 감은 늦가을의 운치를 더해주기도 했다. 실제로 까치나 산새들이 지나다가 먹고 가기도 했다.

웬지 어린 시절에는 까치밥이 맛있게 보여 기를 쓰고 올라가 따먹기도 했다. 한번은 까치밥을 따먹기 위해 감나무에 올라갔다가 가지가 부러지는 바람에 떨어져 기절을 한 적도 있었다. 그 뒤로도 여러 차례 감을 따다가 떨어져 다친 경험이 있다. 감나무는 다른 나무에 비해 가지가 약해서 잘 부러진다.

어느 명사께서는 우리 문화를 까치밥 문화로 규정하고, 까치 같은 산새의 먹을 것까지도 고려했던 선조들의 정신을 승화하기도 했다. 실로 그런 면이 없지 않아 있다고 생각한다. 그러나 까치밥을 따먹다 떨어져 고생 해 본 나는 어려서부터 까치밥이란 까치나 산새들을 위해 남겨두는 것이라고 생각하지 않았다. 나처럼 촐랑대기 좋아하는 애들이 높은 가지에 달려있는 감을 따기 위해 올라가다가 낙상하여 다치거나 죽는 일까지 있어서 이를 미연에 방지하려는 우리 조상님들의 지혜라고 믿고 있었다. 밥 먹으며 발을 떨면 가난하게 산다거나, 세수한 물을 버리지 않으면 죽은 뒤에 그 물을 먹어야 한다거나, 불장난을 하면 자다가 이불에 오줌을 싼다는 것과 같이 어린이들이 나쁜 일이나 위험한 일을 하는 것을 방지하기 위해 고안한 조상님들의 지혜라고 생각했다.

요즘은 시골에 가 보면 감을 수확할 인력이 없어 감나무에 감이 통째로 남아 있다. 요즘 어린이들은 감을 좋아하지도 않는다. 목숨을 담보로 나무 꼭대기에 올라갈 필요도 없어졌다. 이제 감나무에 달려 있는 감은 온통 까치밥이 되고 말았다. 그런데 옛날처럼 시골엔 새들도 많지 않다. 사람 따라 도회지로 날아간 것일까…….

채팅 이야기

컴퓨터는 가히 삶의 패턴을 바꿔 놓은 혁명적 기계임에 틀림없다. 특히 인터넷의 보급으로 채팅이라는 새로운 만남의 공간이 만들어졌다. 같은 칼이라도 생명을 살리는 칼이 있고, 사람을 죽이는 칼이 있듯이 인터넷도 그 양면성이 있다. 독도 잘 쓰면 약이 된다고 하지 않던가? 옛날에는 의사소통을 하기 위해서는 직접 만나거나 편지를 띄우거나 전화를 하는 것이 대부분이었다. 요즘은 인터넷의 등장으로 가상공간에서 실시간에 얼굴을 서로 보면서 대화를 나누는 세상이다. 옛날 어르신네들이 보시면 기절초풍 할 일이다.

나도 정보화시대에 살고 있지만 컴퓨터 활용이 몸에 익숙하지 않다. 내 전공 학문이 통계학이다 보니 학생 교육과 연구를 위하여 컴퓨터를 많이 사용하고 있는 것은 사실이다. 그러나 인터넷은 메일을 주고받거나 정보를 검색하는 정도의 수준이다. 어느 날 매스컴에서 인터넷 채팅이 사회 문제화 되고 있다는 내용이 보도 되었다. 나는 수업 시간에 학생들에게 채팅을 해본 경험이 있는 학생은 손들어 보라고 했다. 내 강의를 듣고 있던 학생 모두가 채팅을 하고 있었다. 나는 채팅이 우리 생활에 이렇게 깊숙이 뿌리 내리고 있는 줄은 미처 몰랐다. 수업이 끝나자마자 내 연구실로 돌아와 조교를 불렀다. 조교는 왜 부르는지 몰라 긴장한 모습으로 내 연구실로 왔다. 내 연구실로 들어온 조교는 눈을 동그랗게 뜨고는

"교수님 무슨 일 있으세요?"

라고 물었다.

"최 조교 채팅할 줄 아나?"

내 물음에 최 조교는

"왜요? 교수님 채팅하시게요?"

하며 반색 하며 되물었다. 최 조교에게 요즘 학생들 채팅 많이 하느냐고 물었다. 최 조교 대답이 걸작이었다.

"채팅 못하는 사람이 어디 있어요? 교수님은 못하세요?"

하면서 믿지 못한 분위기였다. 그 말을 듣자 나는 한물 간 구시대 사람 같은 생각이 들어 최 조교에게

"그럼 어떻게 하는데? 좀 가르쳐 줄래?"

라고 했다. 물어보지 않아서 기다리고 있었다는 듯이 최 조교는 내 컴퓨터 앞으로 와서 한참을 만지더니 내게 주소, 주민등록번호, 전화번호 등 신상에 대해 물었다. 대답을 하니 그 내용을 컴퓨터에 입력을 하더니 해 보라고 했다.

최 조교가 시키는 대로 했더니 잠시 후에 상대방으로부터 메일이

왔다. 우리가 늘상 사용하는 문장과 다른 문장이 많았다. 나는 젓가락(독수리)타법으로 겨우 하고 싶은 말을 찍어서 상대방에게 보내는 데 처음 만난 상대방은 내 글이 보내지기가 무섭게 바로바로 답신이 돌아왔다. 몇 분을 하고 나니 채팅이 어떤 것인지 직접 체험을 통해 알 수 있었다. 내 처음 채팅은 이렇게 시작 되었다. 원래 궁금한 것을 보면 그냥 지나치는 성격이 아닌지라 내친 김에 몇 사람과 채팅을 해 보며 연습을 했다.

그런데 우연이 인연을 만들고 말았다. 채팅을 하는 도중에 연령이 나보다 15세 정도 어린 사람과 대화를 나누게 되었다. 신변 잡담에서부터 취미활동, 하고 있는 일, 가족 사항 등을 주고받았다. 대화를 통하여 님(채팅에서는 상대방을 님이라 불렀다)의 이름은 미현이고, 애가 둘이 있는 주부로 모 통신 대학에 다니고 있다고 했다. 비록 상대가 누군지 확실히 모르지만 그 당시만 해도 채팅에 감탄할 줄만 알았지 요즘처럼 그 피해를 생각하지 못했다. 님은 내 막내 동생과 같은 나이로 살림을 하면서 공부를 하고 있는 모습이 기특하고 아름다워 보였다. 공부하는 사람이기에 내가 뭔가 도움을 줄 수 있다는 생각이 들었다. 나도 직장과 하고 있는 일에 대해서 알려 주었다. 그리고 도움이 필요하면 언제든지 연락하라는 메시지와 이메일 주소를 남기고 채팅은 끝이 났다. 잠시지만 채팅에 몰입해보니 가상의 인물을 상대로 대화를 나누다 보면 어떤 대화도 가능하겠구나하는 생각이 들었다. 또한 채팅에 빼앗기는 시간과 허황함 때문에 그 인연이 끝난 후로 채팅과는 절교했다.

미현이와 채팅을 끝내고 며칠이 지났다. 이메일을 체크해 보니 미현이라는 이름으로 메일이 왔다. 내용은 우리 대학의 홈페이지에 들어와 보니 교수님이 있어 반가운 마음에 메일을 보냈다고 했다. 원래 글쓰기를 좋아하는 편이라 답신을 보내고 나름대로 아름다운 시 한 구절을 써서 보냈다. 그렇게 가끔 메일이 오가며 공부하는 내용이며 궁금한 사항들을 주고받았다. 이렇게 몇 개월이 지난 어느 날 마침 문상을 갈 일이 생겼다. 문상을 가야 할 장소가 미현이가 사는 동네 가까이에 있는 병원이었다. 가는 길에 미현이 얼굴을 한 번 보고 싶은 생각이 들었다. 일이 있어 미현이 사는 동네 근처를 가게 되었는데 시간이 있으면 얼굴이나 한번 보자고 했다. 서로 메일은 몇 차례 오고 갔지만 얼굴은 본 적이 없어 궁금하기도 했다. 약속한 호텔 커피숍에 들어갔다. 커피숍에는 몇 명의 손님들이 삼삼오오 모여서 커피를 마시며 다정히 얘기를 나누고 있었다. 커피숍은 금연석이 따로 없는 탓인지 담배 연기가 자욱했다. 커피숍을 두리번거리다 빈 테이블에 자리를 잡고 앉았다. 조금 앉아 있으니 훤칠하게 큰 키에 긴 생머리를 하고 민소매에 긴 바지를 입고 가방을 든 30대 중반 쯤 되 보이는 여인이 커피숍에 들어서더니 두리번거렸다. 그 여인은 약간 긴장된 모습으로 두리번거리다 나와 눈이 마주쳤다. 눈이 마주치자 연한 미소를 띠며 조심스럽게 내 곁으로 다가 왔다. 그리고는 "혹시 이 교수님 아니세요?"라고 물었다. "예 그렇습니다. 미현씨 예요?"라고 묻자 그녀도 '예' 라고 대답을 했다. 나는 일어나 미현이에게 자리를 권했다. 자리에 앉자마자 웨이터가 차 주문을 받으러 왔다. 차를 주문해 놓고 우리는 그 동안의 주고받은 메일에 대한 이야기와 만나게 된 우연의 일들을 얘기했다.

학생과 선생이 만나서 대화할 수 있는 소재는 공부나 강의가 자연스러웠다. 공부하는 이야기, 강의하다 겪었던 에피소드, 인생철학, 신변잡설 등을 주고 받다보니 친 누이동생 같았다. 잠깐 동안의 만남이었지만 예의도 바르고, 착하고, 말도 잘하고, 외모도 그만하면 스스로는 탤런트 안 부럽다고 할 정도였다. 이렇게 우연의 첫 만남은 끝이 났다. 기대하지 않았던 즐거운 시간을 보냈다. 주로 내가 이야기를 하고 미현이가 듣는 편이었다. 그 후로 미현이는 열심히 공부하며 장학생이 되었다는 기쁜 소식과 아버님이 돌아가셨다는 슬픈 소식 등을 보내왔다. 때로는 초등학교에 다니는 딸이 공부를 잘해 전교에서 1등을 했다고 자랑하는 메일도 보내 왔다.

한 번은 교수님 강의를 듣고 싶다는 메일이 왔다. 나는 언제든지 와서 들어도 된다고 흔쾌히 허락 했다. 어느 날 수업시간에 들어가 보니 맨 뒷자리에 미현이가 와서 학생들과 함께 앉아 있었다. 조금 당황도 했지만 새로운 학생을 놓고 새로운 기분으로 나도 신명을 내서 열심히 강의를 했다. 강의가 끝난 뒤에 미현이는 내게 와서 인사를 했다. 미현이는 내 연구실로 따라 들어왔다. 커피를 두잔 시켜 마시며 강의에 대한 솔직한 평가를 부탁했다. 미현이의 강의 평가는 도를 지나칠 정도로 아부성 발언이었다.

강의를 듣고 간 후 얼마 지나지 않아 미현이가 메일을 보냈다. 메일 내용은 교수님 덕분에 졸업을 하게 되었다는 내용이었다. 내가 직접 도움을 준 것은 없었지만 어려운 환경 속에서 피나는 노력의 결실로 영광의 졸업장을 받게 된 미현이가 대견스러웠다. 한 남자의 아내로서, 두 애의 엄마로서, 한 늦깍이 대학생으로서 일 인 삼역을 해내고 받게 되는 졸업장이니 다른 사람들과는 그 감회가 다를 것으로 생각되었다. 마음 같아서는 졸업식장에 가서 축하해 주고 싶었으나 본인도 극구 사양하고 혹 가족들이 오해할 수도 있겠다는 생각에 마음으로만 축하 해 주었다.

채팅이 내게 가져다 준 이런 인연은 내 인생에 또 다른 아름다운 추억과 낭만 그리고 잊을 수 없는 색다른 맛의 사랑을 일깨워 주었다. 졸업을 하고도 가끔 연락을 보내 주던 미현이도 이제 어느덧 불혹의 나이가 되어 있을 것이다. 초등학교 저학년이었던 어린 애들도 대학 입시를 눈앞에 두고 있을 것이다. 세월의 무상함을 새삼 느끼며 미현이의 가족이 늘 행복하기를 기원한다. 오늘따라 미현이가 보고 싶다.

별난 친구

비오는 일요일 어느 가을 날 오후 텅 빈 집을 혼자 지키고 있었다. 초점을 잃은 눈은 먼 산에 꽂혀있고 마음은 달마를 닮아 있었다. 그런데 내 잔잔한 가슴에 돌을 던지는 놈이 하나 있었다. 가만히 앉아 있는 내게 시비를 걸어왔다. 내 코 잔등이를 건들기도 하고, 입술을 더듬기도 했다. 아니 음침한 콧구멍까지 파고들었다. 처음에는 그러면 안된다고 점잖게 웃으며 달랬다. 그런데 요놈이 막무가내였다. 장난도 한두 번이지 몇 차례 반복하고 나니 은근히 부아가 치밀었다. 하지 말라고 몇 차례 주의를 주었는데도 정도가 지나쳤다. 한 번만 더하면 요놈을 주리를 틀 작정이었다. 당장 주리를 틀 모양으로 손에 신문지를 말아 들고 다시 오기를 기다렸다. 그런데 요놈이 신문지를 말아들고 있는 내 손등에 앉아 날 비웃고 있었다. 그래 넌 오늘 내손에 죽었다. 본격적으로 끝장을 보려고 하는 데 이번에는 요놈이 내 코 잔등에 앉아 약을 올리고 있었다. 순간 오른 손으로 인정사정 없이 코를 향해 손바닥을 날렸다. 순간 눈이 번쩍하고 코가 달아나는 고통이 왔다. 이놈 죽었겠지 하면서 손바닥을 확인해 보니 죽은 시체가 보이질 않았다.

아 요놈 봐라! 어디로 갔지? 두리번거리는데 요놈이 멀쩡하게 내가 읽고 있던 책에 앉자 독서를 하고 있었다. 옳지 이번에는 용서하지 않으리라 하고 막 내려 치려하는데 이번에는 "주인님 한번 살려 주세요." 하며 두 손을 싹싹 빌고 있는 것이었다. 그 모습을 보는 순간 연민의 정을 느꼈다. 그래 이 공간에 너하고 나 둘 뿐인데 너마저 없으면 외롭겠지? 하는 생각이 들었다. 너도 살려고 이 세상에 태어났고 나도 살려고 이렇게 앉아 있는데 너를 죽여 무슨 영화로움을 보겠느냐. 내재되어 있던 측은지심이 발동을 했다.

그 놈에게 사형을 면하고 한 생명으로 대하니 잡아 죽이고 싶던 그 놈이 앵무새보다 더 예뻐 보였다. 내 손이고 이마고 얼굴이고 코고, 귀든 어디에 앉아 있어도 짜증나기 보다는 사랑스러워 보였다. 그렇게 그 날 오후 나는 그 놈과 함께 즐거운 오후를 보낼 수 있었다. 그러고도 며칠 동안을 그 놈과 나는 동거를 했다. 밖에 나갔다 돌아올 때마다 나를 반겨 주었다. 그러나 어느 날 그 놈은 떠난다는 인사도 없이 떠나버렸다. 요즘도 가끔 파리채를 들고 파리를 잡고 있는 음식점 아줌마를 보면 그 놈 생각이 난다.

무자식 상팔자

우리속담에 무자식 상팔자라는 속담이 있다. 자식을 키우는 것이 그만큼 어렵다는 얘기일 것이다. 우리 부모님은 칠 남매를 낳아 기르셨다. 나는 칠 남매의 맏이다. 맏이로서 받아야할 특권도 많이 받았다. 그러니 의무 또한 만만치 않다. 이제 아버님은 작고하셨고, 어머님은 미수를 눈 앞에 두고 계신다. 형제자매들도 다 결혼하여 아들딸 낳고 잘 살고 있다. 나는 결혼한지 30년이 지났지만 아직 자식이 없다. 우리 부부는 자식을 갖기 위해 여러 사람의 도움도 받았고 노력도 많이 했다. 그러나 우리 부부에게는 자식 얻기가 쉽지 않았다. 결국 우리는 원인을 팔자로 돌리고 우리 둘이 의지하며 원앙처럼 살자고 약속했다.

자식이 없는 우리 부부를 보고 부모님들은 물론 주위 어른들의 성화가 대단했다. 우리 마을 어떤 어른은 내가 오랜 만에 고향에 내려

가 인사를 하면 내 손을 꼭 잡으시고

"아이고 딸이라도 하나 있으면 얼마나 좋을까?"

하시면서 나를 불쌍한 사람 취급을 한다. 이따금씩 우리 부모님은

"너는 사내놈이 바람도 못 피냐?"

며 우스개 소리를 하시기도 했다. 옛날 사람의 눈으로 보면 후손이 없는 우리 부부가 측은하고 딱하게 보이기도 했을 것이다.

세월이 지나 이제 우리 친구들의 딸들이 좋은 배필을 맞아 하얀 면사포를 쓰고 아버지 손을 잡고 결혼식장으로 들어오는 장면을 자주 본다. 결혼을 준비하는 친구들의 말을 듣자면 무자식이 상팔자라는 생각도 들지만 말로는 표현할 수 없는 허전함을 느낄 때도 있다. 훌륭한 아들을 두었다고 자랑하는 친구를 보면서 사실 부러울 때도 있다. 아들 딸들이 아빠 엄마 부르며 다정히 길을 걷는 장면을 바라보면서 괜히 기분 좋은 적도 있다. 내 마음이 그럴진대 속 깊고 생각이 많은 내 집사람의 마음은 어떠할까? 아마도 내색을 하지 않아서 그렇지 나보다 더했으면 더했지 덜하지 않을 것이라 생각한다. 가진 자는 갖지 못한 자의 마음을 헤아리기 쉽지 않다고 한다. 만나는 사람들과 대화 중에 내가 애들이 없다는 사실을 알게 되면 상대방이 내게 하는 말 또한 "무자식 상팔자다"며 위로를 한다.

우리는 안다. 자식이 있어서 어려움도 있고, 즐거움도 있다는 것을. 그러나 아쉬움이 남는 것은 우리 부부에게 후손이 없다거나 늙을 말년에 의지할 곳이 없어서가 아니다. 사랑은 내리사랑이라고 하는데 우리 부부에게는 내리 사랑이라는 사랑을 경험해 보지 못한 것이 가장 큰 아쉬움이다.

알쏭달쏭 사랑 이야기

(1) 실연

나는 일생을 통하여 잊지 못할 두 번의 실연을 당한 바 있다. 한 번은 고등학교 시절부터 7년 동안 내 마음의 주인으로 자리하였던 한 여인이었다. 사랑이 뭔지도 모르는 나이에 그냥 철부지로 좋아했던 여자가 내가 싫다고 떠난 것이다. 그 당시 내게는 여러 가지 문제가 있었으나 그 중 가장 감내하기 힘들었던 일이었다. 그 후로 나는 여자라면 친척 이외에는 믿지 않겠다는 지키지 못할 약속으로 20대를 거의 다 보냈다. 그러나 지금은 직장에서 만난 여인과 결혼하여 31년째 탈 없이 잘 살고 있다.

두 번째 실연은 결혼 초기에 세검정에서 살 때다. 내 딴에는 동네에 같이 살고 있는 어린애들이 너무도 예뻐 사랑한다고 했었는데 그 대가로 '바보 아저씨'라는 별명을 얻었을 때다. 어린들에게 사랑하는 아저씨가 바보처럼 비쳤다는 것이 서운 한 것이 아니다. 그런 세상을 만든 어른들이 미웠던 것이다. 그러나 두 번의 실연을 통하여 아픈 만큼 성장했음을 부인하지 않는다. 첫 번째 실연을 통해서 사랑하는 사람과 이별이 얼마나 큰 아픔 인지를 배웠다. 그리고 꼬마들로부터 바보가 아니면 남을 사랑할 수 없다는 진리를 깨닫게 되었다.

(2) 사랑을 찾아서

과연 사랑이 뭘까? 진정한 사랑이 존재나 하는 것일까? 아니면 허상일 뿐일까? 이런 저런 생각이 밀물처럼 머리에 밀려들었다. 어린애에서부터 노인에 이르기까지 동서고금을 막론하고 입만 열면 튀어나오는 단어가 사랑이다. 그런데 그동안 사랑에 대해서 심각하게 고민한 적이 없었다는 것이 이상했다. 강단에서 학생들에게 서로 사랑하며 행복하게 살라는 말을 자주 했다. 그러나 나 자신이 사랑이 뭔지 행복이 뭔지 그리고 사랑을 어떻게 하는 것인지, 어떻게 사는 것이 행복하게 사는 것인지를 잘 모르고 있었다. 사실 이 나이 먹을 때 까지 어느 누구도 사랑이 뭐며, 어떻게 사는 것이 행복하게 사는 것인지 정식으로 이야기 해 준 사람이 없었다. 너무나 거창한 것이기에 감히 얘기를 못한 것인지도 모른다. 아니면 스스로 알아서 살아가라는 의미에서 그런 것인지도 모른다. 그러나 나는 과감하게 나름대로 짧은 세 치 혀를 내

둘러 댔다. 그러나 말을 해 놓고 나면 부끄럽기 그지없었다.

어느 날 시내에 나갈 기회가 있었다. 일을 보고 돌아오는 길에 서점에 들려 사랑과 행복이라는 단어가 들어 있는 책은 보이는 대로 구입을 하여 돌아 왔다. 내 전공이 사랑학은 아니지만 우리가 살아가는 데 가장 중요한 사랑과 행복에 대한 호기심이 발동한 것이다. 그리고 서점에서 사 가지고 온 책을 읽기 시작했다. 우선 사랑이 뭔지 알아야 사랑 할 것 같은 생각이 들었다. 면장도 알아야 한다고 하지 않던가? 기원전에 살다 간 로마인들이 벌써 사랑에 대한 정의를 273가지나 해 놓고 있었다. 기원전에도 사랑이라는 말에 대한 관심이 많았다는 증거였다. 그 후 많은 이들이 사랑에 대해서 나름대로 정의를 내리고 있었다.

기원전 4세기 경 그리스의 대 철학자 플라톤은 "사랑이란 가난과 부자 사이에서 태어난 자식이다."라고 정의하였다. 그 당시에는 보완적 관계에 있는 상태를 사랑으로 보았던 모양이다. 역사학자 알 빈 토플러는 "사랑이란 죽음과 악 대신 삶과 선한 마음을 갖게 하는 긍정적인 힘이다."라고 정의하였다. 또한 러시아의 문호 톨스토이는 "사랑이란 죽음을 막는 생명이다."라고 정의하고 있었다. 이처럼 대가들이 내린 사랑에 대한 정의는 죽음과 삶, 생명 또는 힘과 연관하여 얘기하고 있다. 우리나라에서 발행된 한글 대사전을 펼쳐보니 "사랑이란 아끼고 위하는 따뜻한 인정을 베푸는 일 또는 그러한 마음이다."이라고 적혀있었다. 몸과 마음을 바치는 희생적인 일을 사랑이라고 보고 있는 것이다. 이쯤 되니 사랑이 무엇인지 어설프게나마 알 것 같았다.

그러나 이들이 내린 정의는 추상적인 개념에 불과하여 내용이 손에 잡히지 않았다. 사랑을 어떻게 해야 하는 것인가에 대한 구체적인 행동강령이 없었다. 상대가 사랑을 받고 있다고 느끼게 하려면 어떻게 해야 하는 것인지 그 방법이 애매했다. 실천방안이 있어야 사랑하며 살 수 있지 않을까? 그러나 모든 사람이 사랑을 느끼는 정도가 다르고 원인이 다를 수 있어 일반론적으로 이렇게 하는 것이 사랑이라고 꼭 집어 말할 수는 없었다.

사랑하는 것은 만인만색일 수밖에 없다. 다분히 주관적인 요소가 많다. 그러기에 주관적으로 사랑을 정의하여 자기 방식대로 실행하는 것이 바람직하다고 생각한다. 단지 사랑하는 상대가 사랑을 받고 있다고 느끼면 될 것이라는 단순한 생각에서다. 이런 생각으로 나름대로 "사랑이란 사랑의 대상을 내 주인으로 섬기며 살되 행복을 느끼는 것이다."라고 정의할 수 있었다. 내가 없이는 살 수 있지만 주인이 없이는 살 수 없는 생활, 주인을 위해서라면 기꺼이 목숨까지도 내 놓을 수 있는 삶, 쉽지는 않지만 그런 삶이 곧 상대를 사랑하는 것이리라. 내 위주의 삶이 아니라 타인 위주의 삶의 자세가 바로 사랑할 수 있는 마음의 자세다.

좋은 일은 이를 악용하는 사람에 의해서 본말이 퇴색되는 경우가 있다. 내 방식대로 사랑을 정의하고 나니 즐거운 마음으로 사랑을 실천할 수 있는 자신감이 생겼다. 입이 방정이라고 마누라에게 천기를 누설하고 말았다. 내 이야기를 듣고 있던 마누라가 반색을 하며 "당신 나 사랑하지?"하며 물었다. "물론이지"라고 대답하기가 무섭게 나의 신분은 남편에서 바로 마누라의 종이 되는 신세가 되었다. 밤마다 잔심부름을 시키며 즐거워했다. 냉장고에서 과일 가져다 깎아 주는 일부터 청소하기, 설거지하기 등 모두가 내 몫이었다. 모든 일을 즐거운 마음으로 임했다. 물론 내가 사랑하는 사람이니 싫지는 않았다. 그러나 감내하기 쉬운 것은 아니었다. 사랑의 결과는 마침내 마누라의 체중증가로 나타났다. 어느 날 집에 돌아와 보니 주인님(마누라)의 안색이 좋지 않았다. 무슨 문제가 있느냐고 묻자 주인님 왈, 내가 너무 잘해주니 뱃살이 많이 쪄서 걱정이라고 했다. 그러면서 살을 빼달라는 말 같지도 않는 투정을 부리기 시작했다. 그러나 어찌하랴 종의 신세인걸. 나는 그날 바로 마누라 뱃살빼기 작업에 돌입해야 했다. 마누라를 소파에 눕히고 나의 가장 귀중한 부위인 머리로 주인님 배를 강타하기 시작했다. 하루에 30회씩 머리로 주인님 배를 때리고 나면 비오는 밤에도 눈에는 별이 반짝이기고 머리는 빙빙 돌았다. 이런 작업을 100여일 쯤 하고 나니 지성이면 감천이라고 마누라 뱃살이 빠지기 시작했다. 그 결과 주인님 뱃살은 지금도 봐 줄 만할 정도로 현상을 유지하고 있다. 이처럼 사랑은 방법이 아니라 실천이다. 어떤 것을 하느냐가 아니라 원하는 것을 그냥 해주는 것이다. 처음 시작하기가 어렵지 한번 하고 나면 그 다음부터는 쉽다. 계속하면 생활화되어 하지 않으면 오히려 이상하다. 이것이 사랑의 생활화다. 하나를 사랑하면 모든 것을 사랑할 수 있다.

사랑이 어떤 것이고 어떻게 하는 것이 사랑을 하는 것인지를 나름대로 터득하고 나니 사랑이 어디서 오는 것인지에 대한 궁금증이 어둠 속을 걷는 여인의 모습처럼 궁금했다. 사랑은 어디서 오는 것일까? 하늘에서 떨어지는 것일까? 아니면 땅에서 솟아나는 것일까? 이 물음은 사랑에 대한 수수께끼를 푸는 것과 같았다. 사랑을 하게 되기까지의 과정을 거슬러보게 하는 일이었다. 내가 누구를 혹은 무엇을 사랑한다고 하게 되기까지 어떤 과정을 겪으며 이 단계에 이르렀을까? 그 문제는 존재였다. 내가 이 세상에 존재함으로서 누구를 또는 무엇을 만나게 되고, 만나서 어찌어찌 하다 보니 관심을 갖게 되고, 그 관심이 자라서 사랑하는 단계까지 이르게 되었다는 대강의 과정이 있었다. 이 과정 중에서 존재는 나의 의지와는 거의 무관하게 주어지는 것이다.

(3) 만남의 의미

사랑하기까지의 과정 중에서 나는 만남을 매우 소중하게 생각한다. 만남은 우리 삶의 시작이기 때문이다. 내 의도는 아니지만 나는 태어나자마자 부모와 형제자매를 만났다. 할머니와 할아버지를 만나고 이웃 친지와 친구와 선생님 그리고 직장동료를 만나 성장하며 살아왔다. 죽는 날까지 이들과 희로애락을 같이 하며 살아 갈 것이다. 모든 기쁨도 그들과 함께 하고, 슬픔도 그들과 함께 할 것이다. 우리의 문제가 모두 만남으로부터 발생하고 또한 그들과 함께 해결하며 살아 갈 것이다. 이렇듯 만남은 우리 삶의 시작이다. 이민 간 교포들 사이에 떠도는 말이 있다. 비행기에 내렸을 때 공항에 누가 마중 나오느냐에 따라서 이민생활의 운명이 결정된다는 것이다. 그 만큼 만남은 중요한 것이다.

만남은 우연일 수도 있고, 운명일 수도 있고 필연일 수도 있다. 계획된 만남도 있고 우연한 만남일 수도 있다. 동기가 어떠하든 만남은 두 개체가 만나는 것을 의미한다. 만남은 그 결과에 따라서 좋은 만남일 수도 있고 나쁜 만남일 수도 있다. 만남이 좋은 인연으로 발전하여 아름다운 관계를 유지하기도 하지만 때로는 만남을 후회하는 경우도 많다.

내가 어릴 때 우리 부모님이 가끔 싸움하시는 것을 보았다. 싸움의 원인이 무엇이었는지는 알 수 없었으나 싸움이 끝나고 나면 어머님은

"내가 전생에 무슨 죄가 많아 저 인간을 만났는지 모르겠다."

며 눈물짓곤 하셨다. 나 또한 어려운 생활을 할 때 가끔 하고 많은 사람들 중에 하필이면 우리 부모같이 못사는 부모를 만나 이 고생을 하냐 하며 원망을 한 적도 있었다. 잘못된 만남에 대한 후회였다. 나이가 들어 배필을 만날 때는 좋은 만남이 있기를 간절히 바랐다. 간절한 소망 때문인지는 모르나 우리 부부는 직장에서 처음 만나 결혼하고 30년을 싸움 한 번 하지 않고 알콩달콩 살아왔으니 아직까지는 후회 없는 만남이라고 생각한다.

만남의 결과가 좋든 나쁘든 후회할 문제는 아니다. 만남이 운명이라면 그 결과도 운명처럼 받아들이는 지혜가 필요하다. 후회한다고 달라지는 것은 아무 것도 없다. 다만 자기 자신에 대한 자책일 뿐이다. 두 번 다시 시행착오를 하지 않겠다는 각오를 다지는 것 외에는 아무 이득이 없다. 후회가 깊으면 시름도 깊고, 시름이 깊어지면 마음의 상처도 깊다. 마음의 상처가 깊으면, 몸이 상하게 되어 남는 건 결국 상처뿐이다. 후회할 시간이 있으면 차라리 새로운 만남을 찾는 적극적인 생활이 바람직하다. 그리고 나를 만나는 사람들이 나로 하여

금 만남을 늘 자랑스럽게 여길 수 있도록 처신해야 한다. 그게 현명한 사람이 할 일이다.

이처럼 우리 삶은 만남으로부터 시작하게 된다. 우리가 사람이든 사물이든 무형이든 유형이든 만나게 되면 관심을 갖게 되기 마련이다. 저 사람은 어떤 사람일까? 무엇을 하는 사람일까? 성격은 어떨까? 어떤 방식으로든지 관심을 표시하게 된다. 만남이 자주 이뤄지면서 관심은 더욱 깊어진다. 관심이 깊어지다 보면 감정이 개입된다. 좋아지게 되거나 싫어지게 된다. 싫어지게 되면 만남은 그것으로 끝장이 난다. 좋은 만남은 발전하여 사랑이라고 하는 더 깊은 관계를 맺게 된다. 여기에서 사랑과 미움의 뿌리가 같다는 사실을 확인할 수 있는 것이다. 미움도 좋은 감정의 결과로 나타난 것이니 연민이라도 조금 남아있는 상태이다. 아무 관심이 없는 사이는 미움도 없다. 사랑의 반대말이 미움이 아니라 무관심이라고 하지 않던가? 사랑과 미움의 뿌리가 같기 때문이다.

(4) 사랑의 힘

사랑이 무엇이길래 남녀노소 동서고금을 가리지 않고 사랑을 노래하는 것일까? 이 물음에 많은 답이 있을 수 있다. 나는 답 대신, 오복도 모자라 일곱 개의 복을 갖게 해 달라는 부모님의 소망을 간직한 이름을 가진 칠복이와 딸을 하도 많이 낳아서 아들 하나 낳게 해달라는 어머니의 처절한 한이 담긴 끝순이의 사랑이야기를 하려고 한다. 칠복이는 집안이 가난하여 초등학교를 졸업한 뒤 중학교에 진학하지 못하고 부잣집 일을 돕는 일꾼이 되었다. 같은 또래의 아이들이 진학하여 중학교를 다니는 시간에 부잣집 허드렛일과 농사일을 도우며 살아야만 했다. 이런 삶은 칠복에게 고통이요 절망이요 슬픔이요 죽음과도 같은 생활이었다. 죽지 못해 살아가는 비참한 생활이었다. 그러니 세상사 모든 것이 좋아 보일 리가 없었다.

그러던 어느 날 칠복이가 밖에 나가 일을 마치고 집에 돌아 와 보니 집안에 처음 보는 처녀가 눈에 띄었다. 그 처녀 역시 칠복이 신세와 같이 가난한 집안에 태어나 먹고 살기가 어려워 칠복이가 살고 있는 부잣집 수양딸로 밥이나 얻어먹으러 들어 온 것이었다. 이들은 이렇게 비슷한 처지로 부잣집에서 만나 일을 하며 살았다. 시간이 흘러 칠복이와 끝순이는 점차 서로 관심을 갖게 되고 친하게 되었다. 이내 이성으로서 사랑이 싹트기 시작하였다. 어두운 그림자만 가득했던 칠복이의 얼굴에는 어느 샌가 웃음꽃이 피고 그토록 따분했던 일들이 즐거워졌다. 하루하루가 즐거웠다. 몸이 파김치가 되어도 마음은 하늘을 날 것 같았다. 밤이면 밤마다 둘이 만나 나누는 대화에는 희망이 넘쳐흘렀다. 얼른 돈 모아 집도 사고 땅도 사서 결혼하자는 결의를 다졌다. 아들 딸 낳아 남부럽지 않게 키우자는 언약도 빼놓지 않았다. 주인한테 꾸중을 들은 날에도 서로 위로하고 감싸주며 지냈다. 그들은 더 이상 외롭지도 슬프지도 않았다. 그들에게는 오직 희망으로 충만된 나날이었다. 세월이 흘러 둘은 결혼하게 되었다. 사랑하는 아들딸도 갖게 되었다. 밤낮을 구분하지 못할 정도로 열심히 일하여 동네에서 부자소리를 들으며 살았다. 그 아들들은 부모의 한을 풀어 대학을 나와 지금 잘살고 있다. 이 이야기에서 알 수 있는 바와 같이 사랑은 절망이 아니라 희망이요, 슬픔이 아니라 기쁨이요, 어둠이 아니라 밝음이다. 부정이 아니라 긍정이다. 거짓이 아니라 진실이다. 사랑은 죽음에서 삶으로 인도하는 구도자이다. 혼돈이 아니라 안정이며, 분열이 아니라 화합이며, 파괴가 아니라 창조다. 사랑은 구속이 아니라 자유를 준다. 사랑은 가식이 아니라 있는 그대로의 모습이다. 좋은 사랑이란 구질구질하지 않고 깔끔하다. 사랑이란 내 마음을 헤아리기에 앞서 상대의 마음을 먼저 헤아리는 것이다. 사랑은 우리에게 희망과 기쁨 그리고 긍정적인 삶을 살아 갈 수 있게 하는 에너지다.

사랑은 만병통치약이다. 우리 인간에게 주어진 권태와 빈곤을 치료하는 유일한 약이다. 있는 자에게는 삶이 권태로울 수 있다. 권태를 덜기 위하여 온갖 유희를 다해보지만 근본적으로 권태를 치료할 수는 없다. 역사적으로 로마 시대 귀족들의 삶이 이를 잘 대변해 주고 있다. 사랑 말고는 그 어떤 것도 권태를 치료할 수는 없다. 빈곤 또한 마찬가지다. 그 무엇으로 빈곤을 근본적으로 퇴치할 수 있을까? 오직 사랑만이 가능하다. 칭찬은 고래도 춤추게 한다는 속담이 있다. 그러나 사랑은 고래를 뒤집어지게 한다.

사랑은 이처럼 버릴 것이라고는 하나도 없다. 사랑을 부정하는 사람이 있다면 그는 분명 잘못된 사랑을 경험했거나 그렇게 하고 있는 사람이다. 인간의 문제 중에서 사랑으로 해결하지 못할 문제는 하나도 없다. 문제가 있다면 온전한 사랑이 아니다. 진정한 사랑이 아니라 거짓사랑이기 때문이다. 진정한 사랑은 만물의 근원이다. 그 증거는 확실하다. 이와 같은 거창한 일을 할 수 있는 것은 오직 사랑뿐이다.

그리고 사랑의 끝은 언제나 유익한 생산을 낳는다는 것이다. 사랑은 반드시 흔적을 남기고 끝이 난다. 그리고 그 흔적의 질과 양에 따라서 삶을 평가 받게 된다. 두 남녀의 열렬한 사랑으로 눈에 넣어도 아프지 않을 아들과 딸이 태어나게 된다. 봄과 여름에 논과 밭에서 곡식을 심고 열심히 사랑하는 농부에게 가을은 풍성한 결실을 준다. 시를 사랑하는 사람은 명시를 남기게 되고, 그리기를 사랑하는 자는 명화를 남기고, 글쓰기를 사랑하는 사람은 불후의 명작을 남기게 된다. 학생을 사랑하는 선생은 훌륭한 제자를 만들게 되는 것이다. 이러하니 사람이 이 세상에 태어나서 꼭 해야 할 사명 중 하나가 사랑일 수밖에 없다. 나는 내 주위 모든 사람들이 사랑을 생활화하며 사는 그날이 올 때 까지 내 인생을 모두 바쳐 사랑의 전령이 되고자 한다.

(5) 사랑은 한풀이가 아니다

요즘 부모들이 애들에 쏟는 열정을 보면서 때로는 애들이 얄미운 생각이 들기도 한다. 또 한편으로는 불쌍하게 생각되기도 한다. 옛날 어린이들이 야생마였다면 요즘 어린이들은 곱게 자란 경주마 같기에 그렇다. 앞서 얘기했던 30만 원짜리 아들이나 공부못한다고 아들의 머리에 담뱃불을 비벼 꺼버린 비정의 아버지는 사랑이 지나친 것이 아닐까? 아니면 아들을 위한다는 명분하에 자기네들의 대리만족을 하고 있지는 않는지 생각해 볼 일이다. 아들에 대한 사랑이 아니라 부모에 대한 한풀이를 사랑으로 오해하는 것인지도 모른다. 잘못된 사랑의 결과는 무관심만 못한 결과를 낳을 수도 있다. 사랑은 결코 한풀이가 아니다. 한풀이가 되어서도 안 된다.

(6) 사랑은 유치하게 그러나 즐겁게

나는 부부 모임이 있을 때마다 "댁 부부는 얼마나 사랑하고 있느냐?"고 묻는 것이 버릇이 되었다. 시작이 농담이니 대답도 농담 반 진담 반이다. 모두 사랑한다며 너스레를 떤다. 그러면 "댁의 부부는 하루에 몇 시간 정도 눈을 마주보며 대화를 나누느냐?"고 묻는다. 놀랍게도 이 물음에 대한 답은 의외다. 서로 사랑하여 훌륭한 분 모셔다가 주례사를 들으며 백년가약을 맺고 한 이불 속에서 몇 년 혹은 몇 십 년을 같이 살아온 부부도 서로 눈을 마주하는 시간이 하루에 채 5분이 안된다고 한다. 어떤 부부는 아예 서로 눈을 마주치고 얘기 해본지가 언제인지 조차 모를 정도라니 어이가 없다. 꼭 이렇게 하는 것이 부부의 사랑이냐는 반론도 얼마든지 있을 수 있다. 만나는 부부마다 묻곤 하다 보니 어떤 친구는 "당신이나 잘해"라는 핀잔을 주기도 한다. 그러나 서로 대화를 나누면서 먼 산을 보며 이야기한다고 생각해 봐라 남 같으면 어떻겠는가? 어떤 이는 내 이야기를 듣고 집에 가서 남편한테 눈을 마주보며 얘기하자고 했더니 남편이 자기 얼굴을 보면 무섭다고 하더라는 것이었다. 그동안 너무나 변해 버린 마누라 얼굴이 무섭다는 뜻이란다. 그러니 안보고 사는 것이 오히려 낫지 않느냐는 이야기였다. 이는 매일 얼굴을 보며 살면 변해 가는 모습을 알 수 없다는 사실을 모르고 한 말이다. 어쩌다 한 번 보면 얼굴이 많이 변한 것 같이 보이는 것이다. 늘 서로 얼굴을 마주 보며 웃음 짖고 사는 습관이 필요한 것이다. 특히 나이가 들면서 부부 간의 다정한 모습을 남사스럽다거나 혹은 점잖지 못하다고 생각하는 사람들이 있다. 그러나 사랑은 유치할수록 아름다운 것이다. 사랑을 나누고자 할 때마다 결재를 받고 의식을 진행 한다고 하면 그게 부부 간의 아름다운 사랑이라 말 할 수 있을까? 가장 자연스러운 사랑이 가장 아름다운 것이다.

앞에서 얘기한 할머니가 헛간 나뭇짐 위에서 나눈 사랑을 잊지 못한 것처럼 사랑은 인위적인 꾸밈보다는 자연 그대로의 사랑이 아름답다. 어린아이들처럼 유치하게 빠끔 살이 사랑을 하는 것이다. 사랑을 사랑하다 돌아가신 바스카글리아 교수는 '살며 사랑하며 배우며' 라는 그의 저서에서 사랑하는 사람 혹은 사물이 있으면 안아주라고 했다. 우리 전통적 사고로 보면 유치하기 그지없는 일이다. 게리채프만은 사랑하는 사람이라면 그의 저서 '사랑의 5가지 언어' 에서 서로 인정하며, 함께 하고, 서로 선물을 나누며, 서로봉사하고, 어루만지며 살라고 했다. 참 좋은 충고라 생각한다.

(7) 사랑은 이렇게

어떤 대가를 바라고 하는 사랑은 사랑이 아니다. 사랑은 어떤 조건이 있어서는 안 된다. 사랑은 부자유스러워도 안 된다. 사랑은 자연스러운 모습으로 조건 없이 그냥 좋아서 해야 한다. 윤동주님은 그의 서

시에서 "별을 노래하는 마음으로 모든 죽어가는 것을 사랑해야지"라고 노래하고 있다. 별을 노래하는 마음으로 살아 있는 것은 물론 죽어가는 것까지 사랑을 한다니 사랑에 무슨 보답이나 조건을 바라고 하는 것이라고는 생각하지 않는다. 바로 그런 순수한 마음으로 사랑을 할 경우 세상은 열리고 아름다워 보이며 살아있다는 사실이 자랑스러운 것이다. 사랑은 오직 사랑만으로 사랑하면 충분하다. 어떤 것이 문제가 될까요? 무엇을 부러워해야 할까요? 있는 그대로 행복한 것을 무엇을 위해서 발버둥 쳐야 하나요? 내가 네게 십 원어치 사랑을 베풀었으니 너는 내게 백 원어치 사랑을 베풀어야 한다는 생각을 할 수 있을까요? 사랑 그것으로 기뻐하고 행복해 하면 되는 것이다.

누구나 아름다운 사랑은 영원하기를 바란다. 그러나 세상에 영원이라는 것은 이상일 뿐이다. 어제까지 없으면 못살겠다던 연인들이 오늘 원수가 되어서 법정에 선다. 성격이 안 맞아서 헤어져야 했다는 이유 같지도 않는 이유를 들이댄다. 헤어지려면 서로 위로하며 기분 좋게 헤어지면 될 것을 꼭 흠집을 내고 네 탓 내 탓을 하며 헤어진다. 그토록 아끼던 물건이 어느 순간 쓰레기로 둔갑해 버린다. 이런 것들이 정상은 아니지만 현실이다.

사랑을 위한 변화는 죄가 아니다. 사랑을 위하여 적절한 변화는 당연하다. 또 변해야 할 때는 변해야 한다. 그러나 근본이 변하는 것은 변화가 아니라 변절이다. 목숨 걸고 사랑했던 사람, 사물, 이념들을 하루아침에 헌신짝 버리 듯 하는 것은 정상인의 도리가 아니다. 어떻게 사랑을 유지할 수 있는 것일까요? 단돈 십 원을 벌기 위하여 십리를 멀다 하지 않고 달려가는 상인들이 많습니다. 하물며 생명과 같은 사랑을 지키기 위하여 어떻게 해야 할까요? 답은 명확하다. 사랑은 새 장 속에 갇혀 있는 파랑새와 같아서 문이 열리면 언제든지 날아 가 버리는 새다. 세상에 공짜는 없다.

사랑을 지키기 위해서는 세 가지를 지켜야 한다. 첫째는 나도 사랑할 수 있다고 하는 긍정적인 생각을 갖는 것이다. 생각은 의식의 발로이다. 그러나 의식은 생각일 뿐입니다. 생각만 가지고 사랑을 할 수는 없다. 두 번째는 첫 번째 다짐을 실천하는 피나는 노력을 해야 한다. 노력 없이 얻어지는 것은 하나도 없다. 있다면 그것은 우리에게 그다지 필요한 것이 아님에 틀림없을 것이다. 그러나 노력을 한다 해도 어려움은 있기 마련이다. 바로 유혹이다. 사랑해서 뭐해? 그렇게까지 할 필요가 있어? 노력이 고달퍼 지는 순간 의지가 흔들린다. 이게 고비다. 이 고비를 넘기기 위해서 필요한 마지막 다짐은 인내다. 유혹을 뿌리치고 계속 노력하면 사랑이라고 하는 세상에서 가장 맛있는 꿀맛보다 더한 맛을 볼 수 있다.

이 세 가지 다짐이 성공의 삼단계라 생각한다.

제 6 부 사랑은 유치할수록 아름답다

나는 바람둥이

40대 중반에 건강이 좋지 않아 정신적으로나 육체적으로 고생이 심했을 때가 있었다. 그래서 시간만 나면 만사 제쳐 놓고 북한산에 올랐다. 산에 올라 맑은 공기와 땅에서 솟는 샘물을 마시는 일은 즐거움이었다. 산에 오르면 내가 꼭 찾아가는 곳이 있었다. 족히 100년은 넘었음직해 보이는 소나무였다. 사람이 화분에 심어 놓은 분재 같이 자그마하지만 예술품 같은 모습을 뽐내고 있었다. 바위 틈에 용케도 뿌리를 내리고 큰 가지를 쫙 펴고 있어 멀리서 보면 큰 우산을 펼쳐 놓은 듯해 보이기도 했다. 연약한 뿌리로 단단한 바위를 뚫고 생명을 붙이고 있으니 그 생명력 또한 나를 감탄케 했다. 산새들이 지나가다 이따금씩 들러 소나무에게 농을 걸고 가곤 했다. 줄기가 황소 등처럼 실하게 생기지는 않았지만 섬세한 가지는 붓으로 그려 놓은 듯 정교하기 그지없었다. 소나무는 가지가 무성하여 웬만한 햇빛은 모두 차단해 주었다. 그 소나무 아래에는 볼품은 없었지만 듬직한 바위가 놓여 있었다. 놓여 있는 게 아니라 소나무 보다 먼저 그 곳에 자리하고 있었다. 바위는 회색빛으로 볼품없이 생겼지만 내 엉덩이를 올려놓고 쉬기에는 안성맞춤이었다.

그 바위에 앉아 있으면 남산이 건너편에 있고 남산과 나 사이의 크고 작은 산들이 옹기종기 눈 아래 모여 있다. 바람은 발아래에서 불어와 내 몸을 휘감고 다시 비봉으로 향했다. 나는 산에 오를 때마다 이 곳에 들러 심신을 내려놓고 쉬었다. 미운 사람도 자주 보면 정이 든다더니 갈 때 마다 소리 없이 나를 반기는 소나무와 바위에 정이 들기 시작했다. 정이란 붙이기는 쉽지만 떼기가 어렵다지 않던가? 몇 년을 들르다 보니 그 곳에 들르면 아내의 품처럼 아늑함마저 느껴졌고, 소유하고자하는 욕심까지 생겼다. 아메리카 신대륙을 발견하고 자기이름을 붙인 아메리코베스프치처럼 나는 이 장소를 석송루(石松樓)라고 이름을 붙였다. 이렇게 이름을 지어놓고 나니 순간 신선이 된 느낌이었다. 벌어 놓은 돈이 없어 별장을 가진 다는 것은 꿈도 꾸지 못할 형편인데 한양 땅에 이처럼 멋진 내 별장을 갖게 되었으니 그야말로 부러울 것이 없었다. 관리도 필요 없고 사전 예약도 필요 없다. 시간 나면 언제든지 자유로 이용할 수 있는 별장을 소유하게 된 것이다.

석송루를 찾으며 몇 년을 잘 지냈다. 그 덕분에 건강도 되찾게 되었다. 석송루를 가져 보니 욕심이 생기기 시작했다. 돈 안들이고 별장을 갖게 되니 가능하면 여러 곳에 만들고 싶었다. 방방 곡곡에 나만의 석송루를 갖고 싶었다. 오르는 산마다 석송루를 만들다 보니 셀 수도 없이 많은 내 루(樓)를 갖게 된 것이다.

마음을 열면 볼 수 없는 많은 것들이 보인다. 동식물들 심지어 굴러다니는 돌멩이 하나까지도 서로 웃고 노래하는 모습이 보인다. 마음을 열면 모든 것과 소통할 수 있다. 산새들과 함께 노래를 부를 수 있다. 흐르는 물과도 함께 조잘대며 대화할 수 있다. 모든 식물들과도 유쾌하게 대화를 나눌 수 있다.

"나무야 너 잘 있었니?"

라고 물으면 나무는

"오메! 선생님 안녕하세요?"

하고 대답을 한다. 마음을 열면 세상 모든 것이 내 친구요 내 이웃이 된다. 그러니 세상 어느 것 하나 귀하지 않은 것이 없다. 길섶에 자라나는 이름 모를 수많은 들풀 한포기도 마음대로 짓밟을 수 없다. 세상 만물들과 얘기를 나눌 수 있으니 외롭지 않다.

요즘 나는 매일 애인을 만들며 산다. 어제도 그랬고 오늘도 그랬고 또 내일도 그럴 것이다. 카사노바보다 더한 바람둥이다. 어제는 산에 올라 돌 틈에 피어있는 아름다운 들꽃에 반해 그 꽃을 애인으로 삼았다. 오늘은 깃털이 아름답고 어른 엄지손가락만한 아름다운 산새에 반해 그 새를 애인으로 삼았다. 이렇게 애인으로 삼다보니 이 세상 모든 것들이 다 내 애인이 되었다. 내 대표적인 애인은 속리산 입구의 정이품소나무도 있고, 서울의 도봉산도 있고, 한강, 낙동강, 설악산, 지리산, 제주도, 울릉도, 김치, 고구마, 우리 고향의 선돌, 자두, 복숭아, 검단산, 약수터 등 우리나라에서부터 이태리 소렌토, 나폴리, 스파게티, 미켈란젤로, 시애틀, 체르니 산, 체리, 부쳐스가든, 카나디안 로키, 에펠탑, 하이드 팍, 시드니, 오페라 하우스, 캥거루, 몽불랑, 네

덜란드 튤립, 등 셀 수 없이 많다.

도처에 내가 사랑하는 애인들이 있어 나는 늘 즐겁고 행복하다.

행복에 대하여

사노라면 좋은 일도 많고 싫은 일도 많지만, 좋은 일은 좋은 대로 싫은 일은 싫은 대로 받아들이며 살 수 밖에 없다. 젊은 시절에야 중년에 이르면 세상이 다 내 것이 될 것이라는 당찬 희망 속에 산다. 그러나 중년에 이르러 그게 허황된 꿈이었다는 사실을 확인하고는 인생의 무상함을 겪게 된다. 내가 왜 이렇게 살고 있지? 누굴 위해 살고 있지? 사는 게 다 뭐지? 삶은 뭐고 죽음 또 뭐지? 앞으로 어떻게 살아가지? 어떻게 사는 것이 좋은 거지? 많은 사람들은 이런 의문들로 정신적 방황을 겪게 된다. 그러다 기울어지면 체념의 세계로 모든 욕망을 묻어버린다. 욕망으로부터 도피가 아니라 순응하는 방법을 터득하게 된다.

나 역시 불혹의 나이에 들어서면서 이런 정신적 방황을 했다. 방황의 터널은 혼자 통과하기에는 길고도 어두웠다. 마음은 천 갈래 만 갈래 찢어져 만신창이가 되었다. 남이 보기에는 가당치 않는 가진 자의 오만이라고 생각할 수도 있다. 그러나 내 가슴에 머물고 있는 방황의 소용돌이는 감당하기 어려운 고뇌였다. 그런 나를 주위사람들은 행복한 고민이라며 나무라기도 했다. 개인의 문제는 대중의 문제와는 다르다는 것을 이해 못하는 사람들의 값싼 위로라고 생각한다.

궁하면 변하고 변하면 통한다고 했듯이 이런 문제의 해답은 먼저 살다간 선인들의 경험에서 찾을 수 있었다. 시대는 다르지만 사람들의 삶에 대한 내면의 문제는 옛날이나 오늘이나 큰 차이가 없었다. 나는 문헌을 통해서 옛날 사람들도 오늘날 우리가 겪고 있는 문제를 해결하기 위하여 몸부림 친 많은 흔적을 발견할 수 있었다. 그 분들도 왜 사느냐? 어떻게 살아야 하느냐? 와 같은 원초적인 문제를 놓고 철학이라는 이름하에 고민을 해 왔다는 증거가 수 없이 남아있다.

'왜 사느냐?' 고 물으면 '글쎄!' 하면서 엷은 미소로 답하는 것이 보통이다. 그러나 '어떻게 살기를 바라느냐?' 고 물으면 열에 일곱 여덟은 행복하게 살기를 바란다고 대답한다. 극단적 삶을 살아가는 소수를 제외하고는 과거나 현재나 그리고 미래까지도 우리 인생의 목표는 행복하게 사는 것이라고 말할 수 있다. 이제 우리는 행복하게 살기만 하면 된다. 단지 문제는 [행복이 무엇이며, 행복은 어떻게 얻을 수 있느냐] 하는 것이다. 일견 간단해 보이는 이 문제가 인류의 오랜 숙원이요, 어쩌면 영원히 풀 수 없는 신의 수수께끼 일지도 모른다. 이 문제의 해결책으로 동서양의 수많은 현인들이 답을 내놓았다. 그러나 불행하게도 이것이 행복이라고 딱 집어 내놓을 수 있는 답은 없다. 답이 있다 해도 사람과 시대에 따라서 서로 다르다. 답이 많아 쉬운 문제 같기도 하지만 보편타당한 답이 없으니 답이 없는 것과 같다. 따라서 영원히 행복을 얻을 수 없을 지도 모른다는 역설도 가능하다.

알아야 면장도 한다고 하지 않던가? 행복해지기 위해서도 행복이 뭔지 알아야 행복해질 수 있을 것이다. 행복이 뭔지 모른다면 내가 행복한지 불행한지 알 수 없지 않은가? 혹 조물주는 그런 편이 인간이 살아가는데 더 도움이 될 것 같아 인간을 불완전하게 만들어 놓은 것처럼 그것을 영원히 해결할 수 없는 미완의 문제로 남겨 놓았을 지도 모를 일이다.

그러나 행복이란 우리 삶의 목표이자 공통된 소망이기 때문에 누구나 쉽게 포기하지 못하고 수많은 현인들이 그 문제를 해결하기 위하여 귀한 젊음을 바치고 세상을 떠나갔다. 선인들은 그들이 살다 간 시대와 환경에 따라서 그 분들의 수만큼이나 많은 해결책을 제시하고 있다. 해결책이 많으니 복잡한 문제이기도 하지만 어떤 면에서는 쉽게 해결할 수도 있을 것이라는 희망도 있다. 어떤 해결 방법을 선택하느냐에 따라서 그들처럼 행복한 삶을 살 수 있다는 희망이 있기 때문이다. 희망은 우리의 삶에 의미를 부여하는 동기이다.

우리 선인들은 행복을 위해서 얼마나 많은 노력을 해왔으며 어떤 해법을 제시했을까?

구약성경에 나오는 욥은 신에 대한 맹목적인 복종으로부터 얻는 것이 바로 행복이라고 주장했다. 복종의 보상으로 행복을 약속한 시나이 계약을 지키는 것이 신과 인간의 계약이라고 믿었다. 절대자에 대한 맹종으로 행복을 얻을 수 있다는 단순한 방법을 생각한 것이다.

독일에서 태어난 한스는 욥의 주장과 달리 행복은 바로 자신의 마음속에 있다고 믿었다. 어떻게 보면 불가능을 가능으로 보는 긍정적인 사고를 통해서 행복을 추구할 수 있다고 보았다. 행복이 자신의 마음속에 있다는 말은 쉬운 말 같지만 사실 마음속이란 우주 만물을 내포하고 있다. 그러니 행복이 마음 즉 거대한 우주 어느 구석에서 태어나는 가는 구체적으로 밝히지 못하였다.

기원전 341년 아데나이(비잔틴시대) 사모스섬에서 태어난 에피쿠로스는 '무릇 생명을 가진 자는 태어나면서부터 쾌락을 찾고, 쾌락을 최고의 선(善)으로서 즐기고, 고통을 최고의 악(惡)으로 피한다.' 고 믿었다. 즉, 인간은 쾌락의 인자를 갖고 태어나므로 행복이란 이 쾌락을 향유하며 사는 것이라고 생각했다. 이런 사조를 숭배하는 학파를 에피쿠리언이라 부른다. 그들은 행복하게 살기 위해서는 "숨어 살아라!"라고 했다. 또한 "공포가 신을 만들고 신은 다시 공포를 만든다. 두려움을 모르는 자는 행복하다."고 믿었다. 두려움은 신에 대한 두려움 또는 죽음에 대한 두려움을 의미한다. "인간이 죽음을 두려워하는 것은 사후에 대한 불안이 아니라 삶에 대한 애착을 버리지 못하기 때문이다."라고 생각했다. 이처럼 에피쿠리언의 위대성은 체념에 있었다. "더 높은 행복을 위해서 단념하는 절제를 가져야 하며 이러한 단념은 오직 더 큰 행복을 위해서 필요하다."고 주장했다.

기원전 412 년경에 그리스에서 태어난 철인 디오게네스(Diogenes)는 절제의 대가다. 그는 통나무 속에서 살면서 절제의 생활을 했다. 어느 날 알렉산더 대왕이 그를 찾아와 소원을 물으니 "조금만 비켜 서 주시오. 햇빛이 들어오지 않으니" 라고 답한 일화나, 우물가에서 손으로 물을 떠먹는 것을 보고 늘 차고 다니던 쪽박마저 깨버렸다는 이야기는 디오게네스의 절제된 생활을 가감 없이 보여주는 예다. 그는 절제를 통해서 행복을 추구한 위대한 철인으로 기억되고 있다.

세 개의 이름을 가진 수수께끼의 인물, 필명이 코헤르트로 알려진 솔로몬도 "즐거운 삶과 쾌락은 최고의 선이다."라고 주장했다. "완전히 발가벗은 자만이 진정한 행복을 맛볼 수 있다. 극단적으로 실망한 사람, 완전히 발가벗겨진 사람만이 넘쳐흐르는 행복을 맛볼 수 있을 것이다. 일하고 싶으면 일하라 그러나 얻는 것은 하나도 없다. 나는 어떻게 하면 행복해질 수 있는가? 자기가 아무 희망도 가질 수 없는 존재임을 잊지 않고, 그러면서도 감각을 활짝 열어 태양과 빛과 이웃의 따뜻함을 받아들이는 것이 행복에의 길이다."라고 역설하였다.

스페인 코로도바 섬에서 기원전 4년쯤에 출생하여 후에 네로의 스승이고 재상을 지냈던 세네카(BC4~AD65)는 스토아학파의 대주자였다. 세네카는 나름대로 충족, 쾌락, 기쁨 등 일반적으로 행복이라고 불리는 것은 부차적인 것이라는 사실을 알고 있었다. 행복은 인간을 움직이는 핵심적 동기도 아니고 선행에 대한 포상으로서 하늘이 인간에게 수여하는 축복도 아니다. "행복이란 기껏해야 그림의 떡 같은 것이다. 감각적 쾌락의 지배를 받는 것은 고통의 지배를 받는 것이다. 행복이란 말하자면 생각할 수 있는 모든 불행으로부터 안전한 것이다."라고 생각했다. "그것이 어떠한 것이든 현존하는 것에 만족하고 자신의 상태에서 안주하는 자가 행복하다"는 원칙에 따라서 살았다.

세네카 이후 300년이 지나 아프리카에서 태어난 성 아우구스티누스는 향락가였다. 그는 행복해지기 위해서는 영원불멸의 선을 추구해야 한다고 믿었다. 즉 영원불멸의 것이란 오직 신을 믿는 것이라고 생각했다. 게으름 때문에 아무 일도 하지 않거나 가난 때문에 억지로 일하지 않아도 되는 낙원을 찾아 헤매었다. 부족한 것은 하나도 없고 단지 확실하고 안전하고 영속적인 즐거움만이 넘쳐흐르는 삶을 추구하였다. 행복에 대한 그의 의지가 결국 천국을 창조했다.

1632년 네덜란드에서 태어난 스피노자는 신을 사랑하고 주변의 모든 것을 받아들이는 것은 사고(思考)를 통해서 가능하다고 믿었다. 바로 사색이라는 방법론을 통하여 행복해질 수 있다고 주장했다. 좁은 마음에 자기 밖에 있는 모든 것을 끌어 들일 수 있는 것은 곧 사색이다. 나의 좁은 마음에 들어와 있으면서도 나 아닌 것과 친밀해 지는 것이 이 경우의 사고의 의미이다. "많은 사람들이 내가 생각하고 있는 것을 진리로 생각해 주는 것이 나의 행복"이라고 했다. 행복은 "자기를 활짝 열어 놓는" 곳에 있다고 믿은 것이다.

사회주의론자들은 인류를 현재의 비참한 생활로부터 행복한 생활로 인도할 수 있는 것은 공동체 사회라고 생각했다. 그 대표적인 사람은 플라톤과 마르크스였다. 플라톤은 지혜와 선을 체득한 지배자가 필요하다고 믿었고, 마르크스는 정당성을 획득한 다음에 승리한 프롤레타리아를 구상했다. 그리스의 피타고라스학파의 공동체, 팔레스티나의 에세아 교도의 공동체, 아시아 유럽의 수도원 등을 예로 지엽적인 공동체로서 주위에서 위협이 없었던 작은 공동체를 꿈꾸었다.

19세기에 태동한 행복한 사회의 계획과 건설을 시도한 것은 유토피아 사상이다. 그러나 행복한 사회를 지향하려는 철학적 사고는 옳았다 해도 그것을 운영하는 인간의 무지에서 계약된 사회의 계약된 행복은 부서지고 말았다. 망치는 망치 나름의 고유 가치는 없고 단지 사용가치만이 있다. 즉 망치가 수행하는 일의 양에 따라서 가치가 산출된다. 사회주의 행복론은 행복은 인간과 인간의 연대(連帶)를 통해서만 획득되는데 이 연대는 기초적인 여러 제도의 개혁 없이는 달성할 수 없다고 하는 행복론이다.

웨일즈에서 태어난 로버트 오웬(1771~1851)은 증오와 질투와 자만의 뿌리를 뽑기 위하여 노력하였다. 그는 모든 해악은 다른 사람과 경쟁하는데서 생기며, 개개인의 행복은 그 사회의 행복에 달려 있다고 믿었다. 그는 행복을 실현하기 위하여 1825년 3월 17일 인디아나주 오하이오 강의 지류인 워바슈강가에 이상사회를 건설하였다. 그러나 그의 이상은 3년도 채 가지 못해 실패로 끝나고 말았다.

1828년 러시아에서 태어난 레프 톨스토이(1828~1930)는 현재의 중요성을 역설하였다. 그는 가장 중요한 시간은 현재이고, 가장 필요한 사람은 현재 내가 만나고 있는 사람, 세상에서 가장 중요한 일은 내 옆에 있는 사람에게 선을 행하는 것이라고 생각했다. 그리고 그는 "마르크스의 예언이 실현되더라도 전제정치의 계속이라는 결과를 초래할 뿐일 것이다. 그 때에는 현재 자본가들이 노동자를 지배하는 것처럼 지도자들이 노동자를 지배할 것이다."라고 말하였다. 그는 행복한 사회의 계획이나 창설을 믿지 않았다. 그는 아나키스트 그리스도를 모방함으로써만 행복한 사회가 탄생할 수 있다고 믿었다.

이상과 같이 행복을 얻기 위해 수많은 사람들이 일생을 바쳤다. 이들이 생각했던 행복 추구론을 요약하면 다음과 같다.

절대자(신)에 의존함으로써 행복해질 수 있다.

행복은 쾌락에 있다.

행복은 자신의 내면에서 찾을 수 있다.

행복은 체념 사고에서 찾을 수 있다.

행복은 동등한 생활에서 얻을 수 있다.

행복은 공동체 사회를 통해서 얻을 수 있다.

이 처럼 행복을 찾는 방법도 시대와 환경 그리고 학자에 따라 다양했다. 그러나 오늘날까지도 행복에 대한 유일한 정의는 확립 되어있지 않다. 즉 행복이 뭔지 정확한 개념조차도 없는 허상을 잡겠다고 허둥대는 모습이 가관이다. 한 조각의 빵을 나르기 위하여 버둥대는 개미들의 가상한 용기, 그 정도가 아닐까? '행복은 무엇이며 어떻게 얻느냐' 하는 문제는 지극히 주관적 가치에 달려 있다고 볼 수밖에 없다. 사람마다 입맛이 다르고 성격이 다르고 체형이 다르듯 결국 행복도 제 눈에 안경일 수밖에 없다. 고통을 감내하면서 행복하다고 느끼는 자가 있는 반면에 현실에 만족하며 행복을 느끼는 자도 있다. 행복이란 주관적인 요소가 강한 것이다. 다만 확실한 것은 불행하지 않는 삶이 행복한 것이다.

사랑은 유치할수록 아름답다

나는 사랑도 생긴 대로 사랑하고 좋은 대로 표현하는 유치한 사랑을 좋아한다. 만들어지는 애교도 좋지만 몸에 밴 자연스러운 애교가 좋다. 가꾸고 만든 얼굴도 좋지만 타고 난 자연 그대로의 야성미 넘치는 아름다움이 더더욱 좋다. 좋으면 그냥 좋은 것이다. 좋다고 느끼는 그대로 좋아하면 그것으로 족하다. 어린이들이 귀여워 보이는 것은 꾸밈없이 생활하기 때문이다. 사랑도 그렇게 해야 한다. 사랑할 때마다 이유를 대서야 어디 느낌이 좋아지겠는가? 당신의 있는 그대로가 좋으니 좋다고 하면 그뿐이다.

공주대학 교수로 있는 친구의 안내로 대덕에 있는 오래 된 음식점에 간 적이 있다. 그 집 주인은 손님이 맘에 들지 않으면 음식을 팔지 않을 정도로 사람을 가리며 장사를 하는 것으로 소문이 나 있었다. 나는 친구 말을 듣고 혹 내 인상이 더럽게 보여 음식을 팔지 않으면 어쩔까하는 마음에 약간 긴장하며 음식점에 들어섰다. 친구가 할머니를 보고 인사를 하자 그 할머니는 반갑게 인사를 받더니 어서 들어오라고 하셨다. 순간 긴장했던 마음이 풀리며 나도 "안녕하세요!"라고 인사를 했다. 할머님도 "어서 오세요"하며 자리를 권했다. 음식점 할머니는 팔순이 넘으셨다는데 외형으로는 칠십대 쯤으로 보였다. 음식점은 화려하지는 않지만 음식 냄새가 여기저기 배어 꽤 오래 된 느낌이 들었다. 벽에는 오고간 손님들의 흔적이 곳곳에 남아 있었다. 마침 저녁 늦게 들른 터라 우리 말고는 손님이 없었다.

친구가 그 집의 특별메뉴를 잘 알고 있기에 알아서 몇 가지 요리를 주문했다. 주방에서 요리를 만들고 있는 동안에 우리는 정담을 나누고 있었다. 친구의 입담이 계룡산 정기를 받아서 보통내기가 아니었다. 할머님 또한 수십 년 동안 수많은 손님을 상대하며 살아온 분이라 보통이 아니셨다. 음식이 나오고 술잔이 몇 번 오고가더니 아예 그 할머님이 우리와 같이 대작을 하게 되었다. 으레 한잔 걸치면 나오는 정담이 꼬리에 꼬리를 물고 이어졌다. 연애 이야기에서부터 부부생활까지 성역 없이 대화가 이어졌다. 모두 19세 이상이니 감추고 자시고 할 것이 없었다. 이야기는 부부의 잠자리까지 발전하였다.

친구나 나는 결혼 후에 대부분 아파트에서 생활 했기에 부부생활이 그리 특별하게 기억 남는 것이 없었다. 우리 이야기가 신통치 않으니까 할머님이 지나 간 옛이야기를 끄집어내기 시작하였다. 얼큰하게 취하신 할머니는 이미 수십 년 전에 돌아가신 할아버지가 그리웠던지 해묵은 부부의 이야기를 털어 놓았다. 할머니와 할아버지는 신혼 초에는 시골에서 사셨다고 했다. 할아버지의 오전 일과는 특별한 일이 없으면 아침에 식사를 하고 산으로 올라가 갈퀴나무를 한 짐 해가지고 오곤 했다. 그러던 어느 날 할머님이 식사를 마치고 집안 청소 하고 이것저것 치우다가 새참이 지난 후까지 부엌에서 설거지를 하고 있었다고 했다. 그날따라 할아버지가 다른 날보다 일찍 나무 한 짐을 해가지고 돌아오셨단다. 지게에 짊어지고 있던 나무를 부엌에 달려있는 헛간에 부리고 나서 할머니를 안아 냅다 갈퀴나무가 푹신하게 쌓여 있는 헛간에 짐짝 부리 듯 던져 놓고 바지만 대충 내린 다음 막무가내로 순식간에 사랑을 나눴단다. 혹시 누가 볼까 봐서 몸부림도 치며 저항을 했으나 할아버지 힘에 눌려 조마조마한 마음으로 일을 치루었다고 했다. 자기 이야기에 도취된 할머니는 입맛을 쩝쩝 다셔가며, 세월이 지나고 나니 그 때 맛 본 사랑이 일생에서 가장 멋진 사랑이었다고 했다.

그 후 시골에서 이사 나와 음식 장사하여 돈도 벌만큼 벌어 좋은 아파트 장만하고 명품 침대에 비단 이불을 몸에 칭칭 감고 황제 같은 사랑도 많이 나눠 보았지만 그 옛날 부엌 헛간 갈퀴나무 속에서 등 따끔따끔 찔려가며 나눈 사랑 같은 맛이 나질 않았다고 했다. 그러면서 우리 보러 그런 사랑 나눠 봤느냐고 물으셨다. 우리 둘은 서로 얼굴을 바라보며 할 말을 잃었다. 그리고 할머님의 멋진 사랑 이야기를 듣고 그 할머니가 더욱 존경스러워 보였다. 우리는 할머니의 아름다웠던 사랑을 축하하는 의미로 축배를 들었다. 가식 없는 자연 그대로의 모습. 지금 생각하면 유치하기 그지없던 사랑. 그 사랑을 잊지 못하는 할머님의 추억을 통하여 "사랑은 유치할수록 아름답다."는 값진 교훈을 얻었다.

이 이야기를 집에 돌아와 마누라에게 해주면서 우리도 그런 사랑을 한번 해보자고 제안했다. 질문을 받은 마누라 왈 "그런데서 사랑하다 쥐나 나오면 어떻게 해 ?" 하며 한마디로 거절이다. 죽기 전에 한번 해보고 싶은데 마누라가 승낙을 할 지 그게 궁금할 따름이다. 우리 모두 유치하게 사랑하며 삽시다.

사랑하며 살고 있는 부부는 때깔도 좋다. 그런데 연구 자료에 의하면 부부가 하루 종일 집에 있으면서도 서로 눈을 마주치는 시간이 불과 5분도 채 되지 않는다는데 놀라지 않을 수 없다. 이야기를 하되 허공에 대고 하는 꼴이다. 주름살이 늘어난 마누라의 얼굴이 예전만 못하겠지만 그래도 하루에 단 1분이라도 서로 눈을 마주치고 얘기를 나누는 것이 둘을 위해 좋을 것으로 생각한다. 결혼하고 몇 년이 지난 부부가 매일 할 이야기가 많지는 않겠지만 그래도 이야기란 만들면 얼마든지 있을 수 있다. 없다면 그것은 서로 노력을 하지 않는다는 증거다. 사랑이 살아가는데 가장 중요한 요소라는 것은 누구나 동의한다. 그런데 귀한 사랑이 거저 오리라고 생각하는가? 이 세상에 좋은 것 좋은 일이 거저 생기는 것을 본 적이 있는가? 그렇게 생각하고 있다면 용서할 수 없는 무지다. 돈 몇 푼을 벌기 위하여 십리를 걷는다는 어느 행상의 말이 생각난다. 하물며 생명보다도 더 귀하다는 사랑을 얻고 지키기 위해서는 얼마나 투자해야 하는 지 상상해 볼 일이다. 그리고 나는 얼마나 사랑을 얻고 지키기 위해서 노력했는지 반성해 봐야 한다.

부끄러운 이야기지만 나는 결혼생활 30여년을 넘게 살아오면서 매일 부인에게 들려 줄 이야기를 준비했다. 30년이면 강산이 세 번 변한다는 시간이다. 얼간이 같은 남편이라 욕할 진 모르지만 쉬운 일은 아니었다. 그런 노력의 결과로 우리 부부는 30년 동안 부부싸움 한 번 안하고 살아온 별종 부부가 되었다. 나는 매일 퇴근길에 오늘은 무슨 이야기를 해주지 생각을 하면서 퇴근을 했다. 마땅히 할 이야기가 없는 날에는 이야기를 만들어 해 주었다. 그렇게 몇 십 년을 같이 살다 보니 내 부인도 이제 이야기꾼이 되었다. 이제 이야기를 들으면 그 이야기가 내가 자작한 이야기인 지 아닌지를 금방 판단하는 경지까지 이르게 되었다. 이제는 내가 말이 없는 날에는 자기가 만든 이야기를 해 주는 경지까지 이르렀다. 남이사 팔불출이라 놀려도 우리 부부는 그렇게 유치하게 살고 있다.

아우님 전

세상을 살다 보면 한 뱃속에서 나온 형제보다 더 가까이 지내며 사는 사람들이 있다. 나도 예외는 아니다. 지금까지 살아오면서 많은 사람들로부터 사랑도 받아왔고 도움도 받으면서 살아왔다. 그 덕분에 오늘 내가 이렇게 살고 또 남은 인생도 그렇게 살 수 밖에 없다고 생각한다. 돌이켜 보면 이 나이 될 때까지 음으로 양으로 많은 은혜와 신세를 진 분들이 한 둘이 아니다. 지금까지 받은 은혜 다 값질 못해 늘 죄인처럼 살고 있지만 아마 죽는 날까지 갚아도 다 못 갚고 죽을 것 같다. 어려서부터 은혜를 많이 입고 살아 늘 빚으로 생각하고 살고 있다. 나이 들면서는 갚기만 하면서 살려고 했다. 그러나 나이 든다고 많이 달라지지도 않았으며, 본의 아니게 아직도 남의 신세를 지며 살고 있다.

나는 지금까지 살아오면서 좋은 사람을 만나게 해 준, 보이지 않는님의 은혜에 늘 감사한다. 지금까지 만난 사람들 중에는 묵은 친구도 있고, 이름만 가물거리는 친구도 있고, 얼굴만 희미하게 떠오르는 친구도 있다. 친구 외에도 선후배로 만나 호형호제를 하며 지낸 사람도 많았다. 이제는 모두 익을 만큼 익은 사람들이다.

오랜 세월은 아니지만 나는 세 나라에서 약 일 년씩 3번의 외국생활을 했다. 외국생활을 통해서 견문도 많이 넓히고 마음도 많이 넓어 졌다고 생각한다. 이 세상에는 우리와 언어도 다르고, 생김새도 다르며, 풍습도 다른 사람들이 우리보다 더 많이 있다는 사실도 알았다. 그네들 중에는 우리보다 더 잘 살고 있는 사람이 많다는 것을 일찍이 알게 된 것도 내가 인생을 살아가는데 매우 유익했다. 삼 년 동안 외국생활을 하면서 많은 사람을 만났고 그들로부터 말로 다할 수 없는 많은 신세를 졌다. 지금도 그들과 연락을 하며 지내고 있다. 각 나라에서 머문 시간이 긴 시간이 아니었기에 정들자 이별의 아픔을 맛 봐야 했다. 아쉬움이 많아서 인지 아직도 서로 연락하며 안부를 묻고 언젠가 다시 만나 즐겁게 살자는 언약을 하기도 한다.

그 중에도 유독 우리 가족과 형제처럼 지내다 헤어진 가족이 있다. 시드니에 살고 있는 김화용 사장 아우 내외다. 내가 여기서 김 사장을 아우라고 하는 것은 그럴만한 이유가 있다. 그 이유는 연배가 나보다 몇 년 아래인 것이고, 또 하나는 대학 후배라는 것, 그리고 김 사장이 나를 형님으로 부르기 때문에 자동적으로 형과 아우가 맺어진 것이다.

우리는 만남도 우연이었다. 2007년 5월 12일로 기억된다. 그날 오전에는 비가 내렸다. 시드니에 도착한지 3개월이 지나 모처럼 집사람과 운동을 하려고 집 근처의 골프장을 찾았다. 그런데 가는 날이 장날이라고 하필 그 날 비가 내려 운동을 포기하고 집으로 돌아가려고 했다. 그런데 마침 교포 몇 분이 운동을 하러 왔다가 우리 부부를 보더니 비가 조금 있다가 그칠 것이라며 자기들과 같이 운동을 하자고 했다. 모두 친절하고 다정하게 생긴 분들이었다. 우리 부부는 교포 분들의 제의를 받아들여 같이 운동을 하게 되었다. 집사람은 교포여자 세 분과 함께 팀을 이루었고, 나는 교포 남자 한 분과 둘이서 운동을 했다. 운동하는 동안 시드니 생활에 대한 여러 가지 정보를 얻을 수 있었다. 또한 자기들이 겪은 많은 경험을 이야기 해 주었다.

운동이 끝나 음료수를 한 잔 하기로 했다. 인사 차 내가 음료수 한 잔을 사기로 하고 클럽하우스에 들어갔다. 들어 가 보니 교포 분들이 몇 분 더 있었다. 누가 누군지 잘 몰라 나와 생김새가 같은 사람은 다 불러 함께 음료수를 마셨다. 한민족이 모이니 민족 특유의 관등성명을 교환하는 의식이 진행되었다. 의식이 진행되면서 김화용 사장 가족을 알게 되었다. 성질 급한 민족인지라 하루를 못 기다리고 그 날 저녁부터 바로 김 사장 부부가 우리 부부를 데리고 시내에 나가 저녁을 같이했다. 저녁식사에는 생면부지인 김원기 사장 부부도 불러내어 같이 했다. 즐겁게 저녁식사는 끝이 났다. 그리고 자주 만나자는 약속과 함께 첫 행사가 끝났다.

우리는 그날 이후로 시간만 나면 서로 만났다. 김 사장은 우리가 살고 있는 동네에서 얼마 떨어지지 않은 곳에 집이 있었다. 우리 두 가족은 짧은 기간에 십 년을 나눠도 다 못 나눌 된장냄새 나는 이야기를 가감 없이 나누었다. 서로 얽히고설킨 인연이 없으니 두 가족 사이에

벽이 있을 수 없었다. 김 사장 내외를 우리 부부는 친구 겸 아우처럼 생각했다. 우리 부부와 의기가 투합하여 만사가 형통이었다. 반대가 없었다. 하루만 못 봐도 궁금했다. 차츰 알게 되고 정이 들자 김 사장 부부가 우리를 형님처럼 대해 주었다. 여러 가지로 부족한 나를 단지 이 세상에 먼저 왔다는 이유만으로 형 대우를 하니 미안한 마음도 들었다. 김 사장을 통하여 미모가 빼어난 사모님을 모시고 낚시를 즐기시는 강경민사장님과 마음이 바다같이 너그럽고 온몸으로 웃음을 주시는 인자하신 정우경사장님 가족을 소개 받아 네 가족이 하루가 멀다 하고 만나 즐거운 날들을 함께할 수 있었다. 즐겁게 지냈을 뿐만 아니라 평생을 두고 갚아도 다 갚을 수 없는 신세를 졌다. 서로 얽히고설킨 인연이 없으니 모든 가족이 서루 의기투합하여 즐거운 나날을 보낼 수 있었다.

김 사장은 비록 유명 인사는 아니지만 지식은 조자룡의 지모를 닮았고, 남을 배려하는 마음은 하늘보다도 넓으며, 하는 행동은 공자의 학동 출신 같았다. 사려가 바다보다도 더 깊어 많은 사람들로부터 신뢰를 받고 있었다. 어떤 때는 형과 아우가 뒤 바뀐 느낌을 받았다. 만나면 만나 볼수록 깊이 빠져드는 그런 인품을 지닌 사람이었다. 김 사장은 지금까지 살아오면서 내가 신뢰할 수 있는 몇 안 되는 사람 중 한 사람이 되었다. 이런 사람을 알게 된 것도 내겐 행운이지만, 또한 보잘 것 없는 우리를 형님처럼 대해주니 몸 둘 바를 몰랐다.

이렇게 두 가족이 8개월을 지내면서 남들 8년 동안 같이 지내는 것보다 더 깊은 정을 나누었다. 만남의 인연은 이별의 눈물로 공항을 적셨다. 차마 떨어지지 않는 발걸음을 돌려 열 시간의 비행 끝에 서울로 돌아왔다. 돌아와 우리 가족과 김 사장 가족은 일주일이 멀다하고 서로 연락을 하며 지내고 있다. 8개월 만나고 50넘은 아우를 두게 되었으니 이 또한 인생 대박이라면 대박 아닌가? 아우님 내외를 통하여 이별의 아픔 때문에 만남을 두려워하는 이유를 다시 한 번 느끼는 진한 계기가 되었다. 아픔만큼 성숙 해진다고 했듯이 분명 우리는 이별의 아픔만큼 서로 성숙된 삶을 살고 있을 것이라 생각한다.

아우님이 우리 부부를 얼마나 끔찍이 좋아 했는지 아우님이 보내온 여러 번의 메일 중에서 특히 기억에 남는 메일 하나를 소개하며 얘기를 맺고자 한다.

형님 그리고 형수님께 드립니다.

다가오는 새해를 맞으시랴, 묵은 해를 마무리 지으시랴 매우 바쁘시리라 생각합니다. 그런 와중에서도 저희 내외를 생각하면서 보내 주신 글귀 한 줄 한 줄에서 형님의 정겨움을 듬뿍 느낄 수 있었습니다.

저희 내외는 형님 내외께서 잠시 호주에 계시는 동안 두터운 정을 쌓을 수 있었음을 행운으로 여기고 있습니다. 인생을 살아가는 과정에서 몇 번이나 행운을 맞이할 수 있는지 모르겠으나 그 중 하나가 형님 내외분을 만난 것으로 생각합니다. 금년 2월에 한국으로 귀국하시는 형님 내외를 보며 아쉬움이 컸었건만, 지지 않는 해 모양 솟아나는 정은 오히려 더 불타고 있습니다.

정우경 사장님이 12월 25일에 서울에서 무사히 잘 돌아 오셨습니다. 형님과 여러 번 만나 등산도 하고 맛있는 음식도 함께 즐겼다고 자랑을 늘어놓았습니다. 그리고 형님 내외분께서 챙겨서 보내셨다면서 각종 약품과 손가방 등등을 가지고 왔습니다. 지난 26일에 귀국 기념 골프를 치고 뒤풀이 하면서 선물을 받았습니다. 감사드립니다.

(중략)

형님은 2007년에 이순(耳順)으로 60을 넘어서 2008년에 회갑이 오는 것으로 압니다. 남달리 인간의 진면목을 세심히 놓치지 않고 인식하시고 계신 형님께서 회갑을 맞으시면서 감회가 새로울 것이라 생각합니다. 나이를 먹은 것이 욕된 것이 아니요 오히려 한 인간으로 태어나서 60년을 장수하고 대과 없이 살아온 회갑의 기쁨을 무어라 표현할 수 있겠습니까!

이제 2008년으로 이름 지어진 해를 맞는데 불과 30여 시간 남짓 남았습니다. 2008년을 보람차며 활기 있고 건강과 행운으로 가득 찬 한 해가 되시기를 진심으로 기원하며, 저희 가정에 건강과 행운을 가질 수 있도록 진심어린 염려와 정성을 보내 주신 형님 내외분께 깊이 감사드립니다.

2007년 12월 30일 오후 3시 44분.

호주 시드니에서

김화용 배상

연세 드시면 다 그래요

이고 진 저 늙은이 짐 벗어 나를 주오
나는 젊었거니 돌인들 무거울까
늙기도 설워라커든 짐조차 지실까

조선 선조시대 송강 정철이 지은 시조다. 늙는 것도 서러운데 고생까지 하고 있으니 서러움이 더할 것이다. 요즘 우리나라도 평균 수명이 늘어나면서 늙은 어르신네들이 무척 많아 졌다. 옛날처럼 어르신네들이 늙은 행세를 많이 하지 않는 추세라 그렇지 옛날처럼 육십 세만 넘어서 상노인행세를 한다면 우리나라의 인구의 열 명 중 한 명은 노인네 일 것이다.

나이가 하나 둘 늘어가면서 나타나는 여러 가지 증세가 있다. 귀 밑에 흰머리가 늘어난다거나 자고나면 눈가에 잔주름이 하나 둘 씩 늘어가는 것처럼 눈으로 바로 확인되는 것에서부터 눈에 보이지 않게 나타나는 증세가 하나 둘이 아니다. 가만히 앉아 있는데 손발이 저리다든지 갑자기 혈압이 올라 어지러워지는 것은 가장 흔한 증상이다. 그리고 바지춤이 배꼽 위로 기어 올라가는 것도 한 증상이며, 걸음을 걸으면서 나도 모르게 두 손이 뒤로 가는 것도 한 증상이다.

사람마다 나이가 들면 신체 중에서 가장 약한 곳부터 고장이 난다고 한다. 이런 증상을 좀 막아 보려고 진시왕도 먹어 보지 못하고 죽었다는, 가지가지 영약을 먹기 위해 난리들이다. 그렇게 몇 년이라도 더 살기위하여 난리법석을 떨어 봐도 아직까지 몇 백 년을 살고 있다는 사람은 본 적도 들은 적도 없다. 앞으로 더 살아 봐야 알겠지만 지금 생각으로는 그렇게까지 하면서 몇 년 더 살고 싶은 생각은 추호도 없다.

그러나 나도 몸이 아프면 병원을 곧잘 찾아 간다. 며칠 전 기관지가 좋지 않고 가래가 자주 끼어 호흡하는 데 불편하고 자고나면 편두통이 좀 있기에 병원을 찾아 갔다. 내 깐에는 일찍 간다며 서둘러 동네에 있는 이비인후과 병원으로 갔다. 병원 안은 문전성시였다. 어린애에서부터 늙은 할머니 할아버지까지 벌써 나와 순서를 기다리고 있었다. 한 시간 정도를 기다린 후에야 드디어 내 차례가 되었다. 의사선생님이 듬직해 보여 우선 안심이 되었다. 앉으라는 지시에 따라서 의자에 앉으니 의사선생님이 어디가 아프냐고 물었다. 나는 이곳저곳 가리키며 어린애가 엄마에게 고자질 하듯이 야기를 해댔다. 머리에 무슨 전등 같은 것을 쓰고 목과 코를 들여다보며 의사님은 내 말을 한참동안 듣고 있다가 한마디를 했다.

"연세 드시면 다 그래요."

나는 순간 할 말을 잃어버렸다. 연세가 들면 다 그렇다는데 할 말이 무엇이 있겠는가? 은근히 누구에겐가 불편함을 호소하고 위로를 받고자 했던 나의 기대는 쪽박이 되고 말았다. 아! 연세가 들면 다 그러니 참고 살라는 말이 아닌가? 병원에서 주는 처방전을 손에 쥐어들고 문을 나서면서 나는 가는 세월의 무상함을 새삼 느꼈다. 그리고 그 의사선생님이 야속하기까지 했다. 같은 말이면 좀 희망을 주는 말을 하면 어디가 덧 나냐? 덧 나냐고?

그렇게 서러운 마음을 달래며 걸어오는 데 내 앞에 거동이 불편해 보이는 어르신 한분이 지팡이를 짚고 열심히 걷기 연습을 하고 계셨다. 그 어르신을 보면서 나는 "그렇지 내가 나이가 들어가는 구먼! 그 의사 선생님 말이 맞아" 이렇게 생각하니 야속했던 의사선생님이 한편 고마웠다. 그 의사선생님이 나를 철들게 했기 때문이다. 오십을 넘으면서 나이는 숫자에 불과하며 몸 사릴 생각하지 않고 살아온 나였다. 그런 내게 의사선생님이 연세 드셨으니 조심하며 사시라는 경고를 해 준 것이다. 늙어 철을 들게 해 준 최초의 선생이었다. 그래 늙음이 병이지! 분수에 맞게 살다가 조용히 가면 되지! 마음을 그렇게 정하니 아침 안개 걷히듯 아픔이 사라지는 것 같았다.

마누라 친구 남편들

마누라에게는 절친한 친구 두 분이 있다. 그 이름도 다정한 명균이와 지희다. 명균씨의 남편은 영수씨이고, 지희씨의 남편은 장훈씨다. 마누라와 만나 살아오면서 자연스럽게 만나게 된 사람들이다. 어렵다면 무지 어려운 친구들이다. 어떤 이는 염라대왕보다 무서운 것이 마누라 친구 남편이라고 얘기한 바도 있다. 그 만큼 껄끄럽고 어려운 친구라는 의미일 것이다. 우리도 물론 처음 만났을 때를 생각하면 서먹서먹하고 어색하기도 했던 게 사실이었다. 그러나 자주 만나 마음을 열고 지내다 보니 이상하리 만큼 가까운 친구가 되었다. 이 생각은 결코 나 혼자 만의 생각이 아닐 것임을 확신한다. 모두 인격과 지성을 두루 갖춘 분들로 만남이 더할수록 해 묵은 친구들보다 더 가깝게 지내게 되었다. 특히 셋이서 대학도 같은 시기에 다녔기에 공감대가 더욱 빨리 형성되었을 것이라 생각한다. 또한 영수씨나 장훈씨 모두 서로 만나면 무엇을 해야 하는지 너무도 잘 알고 있기에 만리장성보다도 더 두껍고 긴 장벽이 순식간에 허물어지게 되었다고 생각한다. 그러나 무엇보다도 마누라의 친구들이 서로 믿고 의지하며 지내는 자매 같은 친구들이기에 오늘이 있게 된 가장 큰 이유였을 것이다. 결혼 초부터 알고 지내왔으니 지금이야 30년 이상을 같이 한 친구들이다. 매년 수 차례씩 만나 지지고 볶다보니 이제 겉절이 맛도 들고 묵은 김치 맛도 든 30년 지기가 된 것이다.

젊어서는 애들 키우느라 정신없이 지냈다. 방학 때만 되면 누구랄 것도 없이 날짜를 잡아 함께 휴가를 떠났다. 연말이면 어떤 핑계를 대고라도 망년회를 거르지 않았다. 올망졸망하던 애들의 자라 온 모습을 보아왔다. 이제는 그들이 자라 성인되어 시집 장가를 가서 애들을 낳았다. 애들이 애들을 낳은 것이다. 30년 전 우리의 모습으로 엄마 아빠가 되었다. 이제 친구를 통한 삼대가 이뤄졌다.

누구나 여러 종류의 친구가 있다. 그 가운데 마누라의 친구의 남편이란 사회에 나와서 결혼 후에 만난 친구들로 어찌 보면 늦게 만난 친구들이다. 또 한편으로는 치열한 경쟁자들일 수도 있다. 마누라가 빽하면 비교하는 사람이 친구의 남편이기 때문이다. 친구 누구 남편은 뭘 사 주었는데, 뭘 해 주었다는데, 어떻게 해 준다는 데 당신은 이게 뭐냐? 라는 투의 비교는 남편을 사정없이 궁지에 몰아넣고 마니 이보다 더한 염라대왕이 이 세상에 또 있겠는가? 우리에게도 그런 일이 전혀 없었다면 거짓말일 것이다. 다만 시샘과 시기가 없었을 뿐이다. 모두 자기 일에 열심히 살고 있으니 비교가 서로에게 좋은 본보기가 되었다. 서로가 경쟁상대 이면서 서로가 스승인 셈이다. 요즘 유행하는 말로 서로 승승하는 관계이다.

영수씨는 대기업의 말단 사원으로 입사하여 그 회사와 생사고락을 같이 해온 회사의 보배였다. 얼마나 자기 회사에 대한 자부심이 강했던지 우리 집에 와서 우리가 사용하는 제품 중에 경재사의 제품이 하나라도 있으면 야단을 쳤다. 본인뿐만 아니라 부인과 아들 딸 까지도 몽땅 기업의 가족이었다. 오죽했으면 이런 사람이 있기에 그 회사는 영원히 망하지 않을 것이라며 친구들에게 주식을 사라고 권유했을까? 이런 사람들의 노력의 결과로 오늘날 그 회사는 번창하여 대기업의 반열에 우뚝 서게 되었다고 생각한다. IMF 당시 구조조정 한창일 때 많은 직장인들이 명퇴 걱정을 하고 있던 때였다. 우리 부부는 그럴 리는 없겠지만 만약에 영수씨가 명퇴되면 우리 가족이 회사 앞에 가서 복직 시위를 하자는 웃지 못할 이야기도 나눈 적도 있었다. 어찌됐던지 영수씨는 어려운 기업환경 속에서 살아남아 결국 그 회사의 멋진 CEO가 되었다. CEO가 된 뒤에 영수씨가 남긴 명언을 나는 아직도 잊지 않고 있다. 어느 날 술을 많이 마시고 귀가를 한 영수씨는 차 문을 열고 내리더니 자기 기사를 향해 구십도 각도로 허리를 굽혀 "안녕히 가십시오."라는 인사를 했다고 한다. 그만큼 자기 일에 투철한 정신이 깃들어 있었던 그의 단면을 잘 대변하는 일화이기도 하다. 영수씨는 대학시절 세 여인의 오빠 같은 존재로 결혼 전부터 같이 만나 클럽활동을 했던 사이였다. 그러다 졸업을 하고 그 중 한 명인 명균씨와 결혼을 했다. 그리고 나머지 두 분 중에서 장훈씨는 지희씨를, 나는 희자씨를 무상으로 분양(?)받았다. 나는 대학시절 누구보다도 지금의 마누라를 잘 보호하고 지켜준 영수씨의 하늘보다도 높고 바다보다도 넓은 은혜에 늘 감사하고 있다. 아마 장훈씨도 나와 같은 마음으로 영수씨에게 감사하고 있을 것으로 믿는다.

장훈씨 역시 어려운 역경 속에서 중소기업을 창업하여 알찬 회사로 키워 낸 유능한 CEO의 한 분이 되었다. 성품이 온유하고 사려가 깊어 선비 같은 모습이나 외유내강형으로 정중동의 추진력을 겸비한 CEO다. 때론 사장인지 사회사업가인지 구분이 안 될 정도로 자상함과 인자함을 소유한 사장이다. 애들이 어렸을 때 같이 여행을 가서 애들의 장래를 이야기 하던 중 딸들의 결혼 이야기가 나왔다. 딸만 둘을 둔 장훈씨가 딸들 결혼 이야기가 나오자 눈에 눈물이 글썽거렸다. 그 만큼 장훈씨는 정이 많고 감정이 풍부한 사람이다. 그러나 막상 딸 결혼식장에서는 영수씨는 눈물을 보인 반면에 장훈씨는 의젓하게 아빠의 품위를 지켜냈다.

이 두 분과는 달리 일찍이 훈장의 길을 택하여 한 길을 살아 온 나는 그때나 지금이나 큰 변화 없이 입으로 밥 벌어 먹고 살고 있다. 큰 변화도 없으니 별로 할 말도 없다. 나로서는 이들을 바라 보는 것만으로도 새롭고 신기하고 재미있었다. 이들과 친구로 지내 온 세월들이 보람이요 기쁨이었다. "큰 나무 덕은 못 봐도 큰 사람 덕은 본다."는 옛 선조들의 말씀처럼 나는 이 분들의 덕을 많이 보며 살아왔다. 그리고 지금도 그 그늘을 벗어나지 못하며 살고 있다. 큰 숲에 들어가면 나도 큰 숲이 된 것 같은 착각이 들 듯이 이들과 같이 살다보니 나 역시 큰 나무가 된 것 같은 착각을 갖기도 했다. 이런 날들이 영원했으면 하는 허황된 바람도 있다.

돌이켜 보면 우리들은 과거 30년을 열심히 살아 왔다. 이제 퇴역을 앞 둔 시점에서 앞으로 살아 갈 30년을 어떻게 하면 즐겁고 복되게 살 것인가를 걱정하고 있다. 그러나 뿌리 깊은 나무는 바람에 아니 흔들리고 샘이 깊은 물은 가뭄에도 마르지 않는다고 했듯이 지난 30년 열심히 뿌리 내리고 우물 파며 살아 왔으니 분명히 새로운 미래도 아름답고 즐거운 나날이 지속 될 것을 확신하고 있다. 이들 같이 믿고 의지할 수 있는 친구가 있기에 그렇다. 늙으면 왜 죽느냐고 물으니 놀 친구가 없어 죽을 수밖에 없다고 한 어느 어르신네의 넋두리가 생각난다. 그렇다 나이를 들면 사랑하는 가족도 중하지만 더 중한 것은 같이 놀아줄 친구이다. 친구라고 다 친구가 아니다 나보다 친구를 먼저 배려하는 그런 친구가 진정한 친구이다. 맛있는 음식을 먹을 때도 동행하지 못한 가족을 생각하며 전화를 걸어주는 그런 마음의 여유를 갖는 친구가 바로 내 마누라 친구의 남편들이다.

이런 우정과 사랑은 하루아침에 이루어질 수 있는 것이 아니다. 시간과 정성과 믿음을 통해서 이루어진 것이기에 결코 돈으로는 살 수 없는 것이다. 값으로 따질 수 없는 무형의 재화인 것이다. 이제 모두 이순을 눈앞에 두고 있다. 모두 빈손으로 왔다가 많은 일을 하고 살아 왔으니 앞으로도 서로 변치 않는 우정을 나누며, 건강한 모습으로 남은 인생을 이웃과 사회를 위해 아낌없이 도우면서 살다가 후회 없는 별난 우정의 역사를 마감하기를 기원한다.

부지깽이 사랑